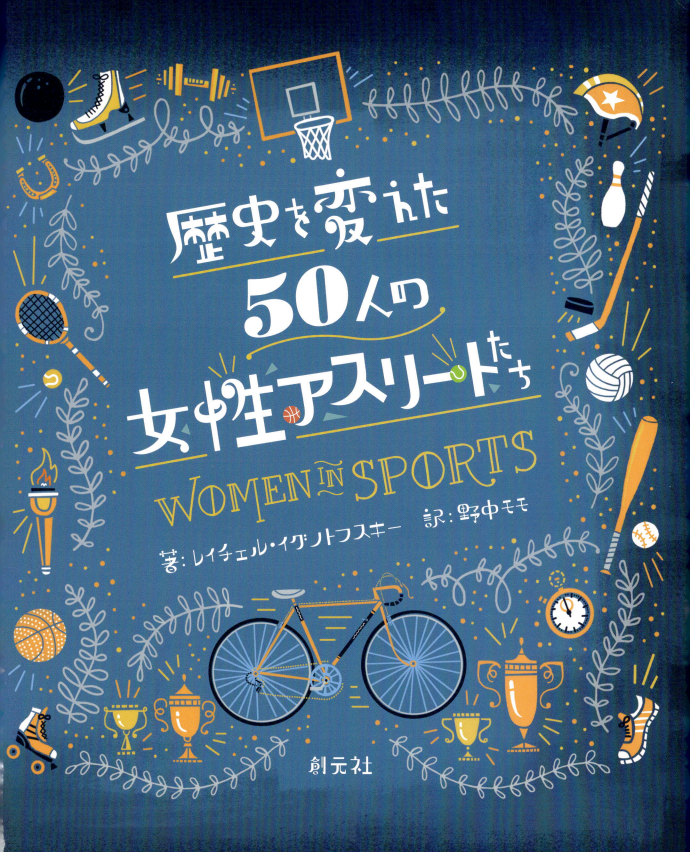

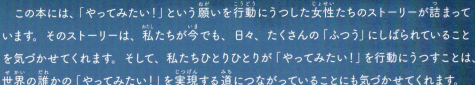

日本版によせて

　この本には、「やってみたい!」という願いを行動にうつした女性たちのストーリーが詰まっています。そのストーリーは、私たちが今でも、日々、たくさんの「ふつう」にしばられていることを気づかせてくれます。そして、私たちひとりひとりが「やってみたい!」を行動にうつすことは、世界の誰かの「やってみたい!」を実現する道につながっていることにも気づかせてくれます。

　本書に登場するアスリートたちはみな、優れた競技成績を残していますが、競技の記録や結果は、いつしか過去のものとなります。けれども、彼女たちの輝きは、色あせていきません。それは、描かれている彼女たちの姿が、一番になって、メダルを取って、誰かより優れていた「記録」としてではなく、ある女性の生き方の「記憶」として、私たちの心に残るからです。その記憶は、私たちに勇気を与え、明日に向かう気持ちを奮い立たせてくれます。

　19世紀の終わり頃、スポーツに世界共通のルールができ、国際大会が開かれるようになりました。言葉も、育ってきた文化や環境も違う、見知らぬ者どうしが出会い、一緒に競うことが可能になったのです。このようなスポーツの変化は、欧米の多くの国で起きました。当時の欧米社会では、男性が社会のリーダーになり、女性たちは家の中で彼らを支える仕事をしていればいい、と考えられていました。スポーツは、リーダー候補者である、経済的に豊かな白人男性が楽しみ、勇気や判断力や、他の人と協力する力を身につけるためのものでした。

　楽しそうにスポーツをする男性たちを見て、「自分もやってみたい!」「世界の他の人たちと出会い、競ってみたい!」と思う女性、貧しい人々、白人ではない人々は、たくさんいたに違いありません。けれども、その思いを行動にし、実現するためには、「スポーツは豊かな白人男性がするものだ」という、世の中の「ふつう」を変えていかなければなりませんでした。

　現在は、男性だけが社会のリーダーだと考えられる時代ではなくなりました。勇気や判断力や他の人と協力する力は、限られた人だけのものではなくなりました。それでも、「やってみたい!」を実現するためには、たくさんの「ふつう」を変えていかなければならない場面にぶつかります。時には、その道のりが遠すぎるように感じられ、諦めそうになることがあるかもしれません。そんな時、この本の中のアスリートたちが声を揃えて教えてくれる秘訣があります。それは、「やってみたい!」と感じた自分を信じ、ありのままの自分を大切にし続けることです。

　世の中の「ふつう」に恐れることなく、自分らしさを譲ることなく、スポーツを楽しむ彼女たちのイラストは、どれも輝くばかりの個性にあふれています。私たち自身の「やってみたい!」と彼女たちの個性が響き合い、一歩を踏み出す力が生まれることで、少しずつ、けれど確実に、世界は変わっていくのではないでしょうか。

來田享子（中京大学スポーツ科学部教授）

目次 CONTENTS

日本版によせて（來田享子） 3

はじめに 6

◆歴史年表 8

マッジ・サイアーズ（フィギュアスケート選手、1881-1917） 10

タイニー・ブロードウィック（スカイダイバー、1893-1978） 12

ボビー・ローゼンフェルド（陸上競技・アイスホッケー・テニス・ソフトボール選手、1904-1969） ... 14

ガートルード・エダール（長距離水泳選手、1905-2003） 16

アイリーン・リギン（飛込み・競泳選手、1906-2002） 18

ベイブ・ディドリクソン・ザハリアス（ゴルフ・バスケットボール・陸上競技選手、1911-1956） ... 20

福田敬子（柔道家、1913-2013） 22

マリオン・ラドウィグ（ボウリング選手、1914-2010） 24

トニ・ストーン（野球選手、1921-1996） 26

アルシア・ギブソン（テニス選手、1927-2003） 28

アン・カルヴェッロ（ローラーダービー選手、1929-2006） 30

ベリル・バートン（自転車選手、1937-1996） 32

スー・サリー・ヘイル（ポロ選手、1937-2003） 34

田部井淳子（登山家、1939-2016） 36

ウィルマ・ルドルフ（陸上競技選手・短距離走者、1940-1994） 38

◆筋肉解剖学 40

ジョディ・コンラッド（バスケットボール監督、1941-） 42

ビリー・ジーン・キング（テニス選手、1943-） 44

パティ・マッギー（スケートボーダー、1945-） 46

アニタ・デフランツ（ボート選手・スポーツ組織者、1952-） 48

フロー・ハイマン（バレーボール選手、1954-1986） 50

スーザン・ブッチャー（ドッグマッシャー［犬ぞり操縦者］、1954-2006） 52

ベヴ・フランシス（重量挙げ選手・ボディビルダー、1955-） 54

ナディア・コマネチ（体操選手、1961-） 56

ジャッキー・ジョイナー・カーシー（七種競技選手、1962-） 58

ジュリー・クローン（騎手、1963-） 60

ボニー・ブレア（スピードスケート選手、1964-） 62

ヴァイオレット・パーマー（レフェリー、1964-） 64

◆報酬とメディア統計 66

アンジャリ・バグワット（射撃選手、1969-）……………………………………………… 68
シャンタル・プチクレール（車いす陸上競技選手、1969-）…………………………… 70
キム・スニョン（アーチェリー選手、1971-）…………………………………………… 72
クリスティ・ヤマグチ（フィギュアスケート選手、1971-）…………………………… 74
レイン・ビーチリー（サーファー、1972-）……………………………………………… 76
ミア・ハム（サッカー選手、1972-）……………………………………………………… 78
リサ・レスリー（バスケットボール選手、1972-）……………………………………… 80
マノン・レオーム（アイスホッケー選手、1972-）……………………………………… 82
鄧亞萍／デン・ヤピン（卓球選手、1973-）……………………………………………… 84
ヴァレンティーナ・ヴェッツァーリ（フェンシング選手、1974-）…………………… 86
エレン・マッカーサー（長距離ヨットウーマン、1976-）……………………………… 88
◆大きな影響を与えたチーム ……………………………………………………………… 90
メリッサ・ストックウェル（パラトライアスロン選手、1980-）……………………… 92
セリーナ・ウィリアムズ（テニス選手、1981-）………………………………………… 94
ダニカ・パトリック（レーシングドライバー、1982-）………………………………… 96
ニコラ・アダムズ（ボクサー、1982-）…………………………………………………… 98
ミザリ・ラジ（クリケット選手、1982-）………………………………………………… 100
ケリー・クラーク（スノーボーダー、1983-）…………………………………………… 102
リンゼイ・ボン（アルペンスキー選手、1984-）………………………………………… 104
ロンダ・ラウジー（総合格闘技選手、1987-）…………………………………………… 106
アシュリー・フィオレク（モトクロスライダー、1990-）……………………………… 108
マリアナ・パホン（BMX自転車選手、1991-）…………………………………………… 110
ケイティ・レデッキー（競泳選手、1997-）……………………………………………… 112
シモーネ・バイルズ（体操選手、1997-）………………………………………………… 114
まだまだいる日本の女性アスリートたち ………………………………………………… 116
おわりに ……………………………………………………………………………………… 119
感謝のことば／著者について ……………………………………………………………… 120
参考資料 ……………………………………………………………………………………… 122
日本版単語集／訳者あとがき ……………………………………………………………… 124
索引 …………………………………………………………………………………………… 126

はじめに　INTRODUCTION

「女は弱い！」こうした間違った考え方が口にされたのは決してその時が最初ではなく、最後でもありませんでした。1973年、テニスの元チャンピオンだったボビー・リッグスが放った言葉です。しかし、ビリー・ジーン・キングは彼の挑発に対して立ちあがりました。優れた技術と鍛えぬかれた肉体、そしてゆるぎない自尊心をもって、ビリー・ジーンはラケットを手に世界を変えてみせました。

これまでの歴史上、女性は決まって弱いものとして型にはめられ、競技会、運動場、チーム、スポーツクラブからしめ出されてきました。自分が健康で強いと証明する場を持たない女性たちがこの性差別と闘うのは難しいことでした。もちろん、このステレオタイプは社会の他の部分にもしみわたっています。教育、市民権、ビジネス、リーダーシップに関して機会を与えられていなかった女性たちが、自分たちは男性と変わらず賢く優秀だと証明しなければならなかったのです。とりわけビリー・ジーンのような女性アスリートたちは、根本的な固定観念、すなわち「女性の体は生まれつき男性ほど強くない、あるいはできることが少ない」という考え方と闘わねばなりませんでした。彼女たちの活躍は人々をおおいに励ましてきました。

1970年代を通じて、アメリカ合衆国やイギリスなどの先進国ではフェミニズム運動が花開きました。女性たちは男女同一賃金および機会均等を求めました。アメリカでは1972年にあらゆる性別の教育機会均等をうたった教育改正法第9編（タイトルIX）が可決され、学校が運営費の割りあてにおいて男女で差をつけることが違法となりました。こうしてようやく多くの学校が女子のスポーツ活動に予算を割くようになり、大学は女子学生にスポーツ奨学金を出しはじめました。

反動は避けられませんでした。まだまだたくさんの人たちが、女性は伝統的な「淑女らしい」活動だけをしているべきだと信じていました。そこで1973年、ボビー・リッグスは、最強の女子テニス選手ビリー・ジーン・キングに「男女対決」試合を持ちかけました。ビリー・ジーンはただ勝つだけでなく、ボビーに圧勝して女性の強さを証明しなければなりませんでした。そして彼女はやりとげました。勝利した彼女はラケットを宙に投げ、観衆は大興奮しました！彼女はスポーツのスターという自分の立場を利用してコートの外でもリーダーとなり、労働における女性と有色人種の人々の機会均等を実現するための法令の提案とロビー活動をおこないました。これ

彼女はしぶとい！

彼女は不敗！

　　はスポーツの文化的な力です。娯楽と競争から人々に勇気を与えるのです。社会正義のための闘いは時にフィールドやコートからはじまります。歴史的な勝利や新記録達成を通じて、女性アスリートたちはその物語を分かち合い、ステレオタイプを壊し、変化を導くのです。

　スポーツは今日まで常に人間の文化の重要な一部であり、アスリートたちはヒーロー、注目を集める有名人、人々に希望をもたらすロールモデルになってきました。スポーツは技術と鍛錬にまつわるものなのに、女性は社会的な偏見によってしばしば競うことじたいを阻まれてきました。こうしたバリアを崩すには、大胆で勇敢な女性たちの存在が必要でした。その強さと自立、世界を変えリードする能力を証明するために、習わしに従わず、機転をきかせ、危険なリスクを引き受ける女性たちです。

歴史が作られた！

　ガートルード・エダールのような「弱い」女性には英仏海峡を泳いで渡るのは無理だと新聞があざ笑った時、彼女はやりとげるか溺れるかだと決意しました。1926年、彼女は勝利し、世界新記録を出しました。アルシア・ギブソンは、人種分離政策の時代、そのテニスの圧倒的な才能で境界線をこえて、アフリカ系アメリカ人選手史上初のウィンブルドン出場を果たしました。世界は肌の色ではなく試合内容で彼女を評価し、それは公民権運動を後押しして、セリーナ・ウィリアムズのような後世の偉大な選手たちに道を拓きました。女性はポロをやってはいけないと言われたスー・サリー・ヘイルは、20年にわたって男装して彼女の大好きなスポーツをプレーし続けました。そのうちスー・サリーは彼女の秘密を利用して、ポロを男女参加のスポーツに変えさせました。

　これらは個人としての自分の価値を証明し、女性に何ができるかを世界に示すことで、未来の世代により多くの機会を創出してみせた女性アスリートたちのほんの一部の例です。資金援助とメディアでの扱いの少なさ、賃金の不平等など、女性スポーツにはまだいろいろな問題があります。しかし、それぞれの世代で、女性たちは周りの予想をくつがえし、現状に異議を申し立てる強さによって成果を勝ち取ってきました。この本には、成長して大きな夢を叶えた小さな女の子たちの物語がいっぱいつまっています――限界まで自分を鼓舞し、不可能を可能にし、伝説になった女性たちの物語です。

彼女は決してあきらめない！

7

歴史年表 TIMELINE

これまでの歴史を通じて、女性たちは競技に参加する権利のために闘わなければなりませんでした。女性には試合を観戦することすら許されていなかった大昔から、猛烈に荒々しい女性アスリートが活躍する時代まで、これらスポーツをする女性たちが歩んできた道のりを讃えましょう！

紀元前776年頃

第1回古代オリンピックに女性は参加できなかった。また既婚の女性は試合観戦も禁止されており、決まりを破ると死刑だった。

1866年

アメリカ合衆国のヴァッサー大学に全員女性の野球チームが誕生。

1926年

ガートルード・エダールが女性初の英仏海峡横断水泳に成功。

1950年

アルシア・ギブソンが黒人テニス選手として初めて全米オープンに出場。会場は白人のみに開かれたカントリークラブ。

1972年

かつて米政府は男子の運動ばかりを支援していたが、1972年、あらゆる性別の教育機会均等を定める教育改正法第9編（タイトルIX）が可決され、スポーツをふくむすべての学校教育活動における性差別は違法となった。

1978年

ユネスコはスポーツが「すべての人が持つ基本的権利」であると宣言した。現在でも世界のあちこちで少女と女性たちが肉体的活動をする権利が守られておらず、改善のため努力がなされている。

1896年

第1回近代オリンピック開催。女性は競技への参加が禁止されていたが、「メルポメネ」という人物が非公式に約42kmの長距離レースを走ったという噂がある。

1900年

フランスのパリでオリンピック開催。女性の競技への参加が許可された初の近代オリンピック。

1964年

公民権法により、アメリカ合衆国で公共の場における人種分離は違憲となった。差別の影響力は今日にもなお残っているものの、有色人種の人々はスポーツや労働においてより多くの機会を得られるようになった。

1966年

ボビー・ギブはボストンマラソンに男装して忍びこみ、大会初の女性ランナーになった。その翌年、キャサリン・スウィッツァーも、性差別的な主催者からの妨害に負けず完走した。

1991年

FIFAがサッカーの女子ワールドカップを初開催。

1996年

アメリカ合衆国で女子プロバスケットリーグWNBAが立ちあげられる。

現在

女性アスリートたちは今もなお機会、報道、賃金の平等を求めて闘っています。彼女たちは勝つたびに、女性たちがいかに強いかを示しているのです!

フィギュアスケートとファッションに革命を起こす (1881-1917)
マッジ・サイアーズ
フィギュアスケート選手

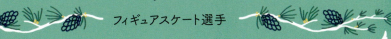

マッジことフローレンス・マデリーン・ケイヴは、1881年にイングランドで生まれ、育ちました。その頃、イングランドでは冬になると男性も女性もフィギュアスケートを楽しんでいましたが、女性が競技会のたぐいに参加することは一切許されていませんでした。当時、女性の「弱い」体は運動競技には耐えられないと多くの人々が考えていたのです。しかしマッジはあまりにもすばらしいフィギュアスケーターだったので、スケート界で悪名と尊敬を獲得することになりました。▼1899年、マッジは仲間のスケーター、エドガー・サイアーズと結婚しました。彼はかた苦しいイギリス式のスケートから離れて、もっとしなやかな国際的スタイルの滑り方をするよう彼女を指導しました。彼女はごく自然にそれをやってのけました。マッジには、当時は男性しか参加していなかった世界選手権に挑む準備ができていました。大会運営側は彼女を追い出そうとしましたが、女性を排除するようはっきり定めた規則はなく、また氷上の彼女は大評判だったため、しぶしぶ出場を認めました。▼マッジは自分も男性スケーターに負けず劣らずスケートリンクに生きる人間なのだと証明しなければなりませんでした。彼女は正々堂々第2位に入り、競技スケート界に自分の居場所を確保しました。国際スケート連盟は彼女の驚くべきパフォーマンスを認めて女子の部を立ちあげました。マッジは1906年、史上初の女子フィギュアスケート選手権で優勝し、翌年もふたたび勝利しました。そして彼女は次の国際的な大舞台、すなわちオリンピックへと向かいました！▼国際オリンピック委員会（IOC）は、1900年の大会から女性の参加を認めていましたが、実際に競技の大多数はまだ男性のみでおこなわれていました。フィギュアスケートは1908年のオリンピックで初めて実施され、その時から女子にも開かれていました。マッジはシングルの金メダルを持ち帰り、加えてエドガーとふたりでペアの銅メダルも取りました。▼悲しいことに、マッジの生涯は短く終わってしまいました。彼女ははげしい心筋炎をわずらい、1917年に35歳で亡くなりました。規範に挑んだ彼女の勇気とすばらしいスケートの技術は、未来の女性たちがその才能を世界に示すことのできる空間を作り出したのです。

はじめて世界選手権に出場した際は足首までのロングスカートをはいて滑走

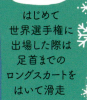

女子世界選手権に反対する男尊女卑の論客たちは審査員がスケーターに恋してしまうことを心配していた

1903年と1904年のイングランド選手権で優勝

審査員がフットワークをよく見ることができるようにスケートにふくらはぎ丈のスカートを取り入れ、はやらせた

『スケートの技術：国際的スタイル』をエドガーと共同執筆した

1回のオリンピックにメダルを2個獲得した初の女性

パラシュートのファーストレディ (1893-1978)
タイニー・ブロードウィック

スカイダイバー

ジョージア・アン・トンプソンは物心ついた頃から「タイニー」のあだ名で呼ばれていました。身長は152cmに満たず、体重は40kg未満と小柄でしたが、だからといって彼女は大きな危険をおかすことを怯みはしませんでした。スカイダイビングの仕事で、彼女は骨折し、木にひっかかり、動いている列車の屋根に着地すらしました。しかし彼女はいつも空へと戻っていきました――「空のはるか高みの他には本当に楽しいことなんてない」と言って。▼タイニーは1893年、ノースキャロライナ州に生まれました。15歳の時にはすでに夫を失い、地元の紡績工場で働いて幼い娘との生活を支えていました。彼女の人生は町にカーニバルがやってきたのを機に永遠に変わることになります。彼女はパラシュートをつけた芸人たちが気球から飛び降りる見世物にくぎづけになりました。タイニーは空中曲芸団の団長チャールズ・ブロードウィックに自分も参加させてくれと頼みました。そして1908年、初めてパラシュート・ジャンプをやってみました。彼女は自分の天職を見つけたのです。チャールズはタイニーを養子に迎え、一緒に各地を旅して回りました。▼パラシュートは航空機での飛行の安全性を高めましたが、軍部も一般大衆も最初はこの新たな発明品のことを理解も信用もしていませんでした。パラシュートの安全効果についての意識変革をうながすため、1913年、タイニーは女性史上初の飛行機からのパラシュート降下に挑戦しました。パイロットや航空学専門家グレン・マーティンらの助けを得て、彼女はおよそ610m以上の上空から飛び降りました。アメリカ合衆国陸軍は第一次世界大戦でのパラシュートの使用に関して、彼女に航空部隊へのアドバイスを求めました。1914年、軍用試験ジャンプに失敗してパラシュートのラインが飛行機の尾翼に絡まってしまった際、タイニーは史上初のフリーフォール・ジャンプを成功させました。彼女はロープを切って脱出することを余儀なくされましたが、安全に着地してみせたのです！▼1000回をこえるジャンプをおこなったところで足首に不調があらわれるようになり、タイニーは1922年に29歳で引退しました。航空技術における伝説的人物であり、最高に刺激的なエクストリーム・スポーツの先駆者である彼女は、1978年に亡くなりました。

サーカスの芸で複数のパラシュートを開いて空に放った

ミシガン湖に着水し、パラシュートで水場に降下した初の女性となった

アメリカ合衆国政府航空パイオニア賞とジョン・グレン勲章を授与された

「パラシュートのファーストレディ」と呼ばれている

1916年12月17日より前に単独飛行をおこなったパイロットの団体「航空界の早起きたち」の一員である

彼女のパラシュートのうちのひとつは国立航空宇宙博物館に収められている

ボブカットのスーパーウーマン(1904-1969)
ボビー・ローゼンフェルド

陸上競技、アイスホッケー、テニス、ソフトボール選手

ボビーことファニー・ローゼンフェルドは1904年にロシアで生まれ、まだ赤ちゃんの時にカナダに移住しました。10代の頃、ボビーはソフトボールのチームに参加し、俊足でその名を馳せていました。ソフトボールの大会中、チームメイトたちは近くで開催されていた100ヤード（91.44m）走に出場するようボビーをたきつけました。彼女はソフトボール選手の格好をしたまま走って勝利を収め、カナダの全国チャンピオンを抑えて初のメダルを獲得しました。これをきっかけに彼女は陸上選手として活躍しはじめ、1920年代半ばには、カナダ最高レベルの女性短距離走者になりました。▼1928年には、オリンピックの陸上競技への女性の参加が初めて認められましたが、正式にではなくあくまでも試験的にでした。当時、医師たちの多くは、女性の体にはオリンピック競技は無理だと信じていました。これらの競技に出場した女性たちは、ただメダルを求めて競っていただけではありません――自分たちもオリンピックの一員なのだと証明したいと願っていたのです。ボビーは4×100mリレーで金メダルを獲得し、チームで新たな世界記録を出しました。加えて100m走で銀メダルも取りました。しかしボビーをはじめとする女性アスリートたちが活躍しても、女性は男性と同じように陸上競技を競うことができるのだと全員を納得させることはできませんでした。800m走のゴールである女性が倒れこんだのを理由に、国際オリンピック委員会（IOC）はその後32年間にわたって800m走から女性をしめ出しました。▼ボビーはスポーツの分野で多方面にわたって活躍し続けましたが、1929年、関節炎に苦しみはじめました。ソフトボールとアイスホッケーの世界に戻ってから2年も経たないうちのことでした。1931年、彼女はソフトボールのチームの最優秀打者でありホッケーのチームの「最も傑出した選手」でした。1933年頃、関節炎が再発し、彼女はスポーツからの完全引退を余儀なくされました。▼ボビーはトロントの新聞『グローブ・アンド・メイル』の優秀なスポーツ記者になりました。彼女は20年間にわたって「スポーツ談義」というコラムを書き続け、そこで女子スポーツを熱烈に応援しました。フィールドの中でも外でも伝説になった彼女は1969年に亡くなりました。

1924年トロント女子グラスコートテニス選手権で優勝

ボブの髪型にちなんで「ボビー」とあだ名された

トロントのユダヤ女子青年会のチームでカナダの全国バスケットボール大会決勝戦に2回出場

オリンピック選考大会で走り幅跳び、円盤投げ、立ち幅跳びの国内記録を出した

女性用のスポーツウェアを見つけるのは難しかったため、ひもを使って男性用のショートパンツを持ち上げ、父親のシャツを着た

チームメイトのジーン・トンプソンをサポートするためだけに1928年オリンピックの800m走に出場した

ボビー・ローゼンフェルド賞は毎年カナダの最優秀女性スポーツ選手に贈られる

英仏海峡を泳ぎ切った最初の女性(1905-2003)
ガートルード・エダール
長距離水泳選手

ガートルード・キャロライン・エダールはアメリカの人気者になりました。1905年にニューヨークで生まれたガートルードは幼い頃から水泳をはじめ、大成功を収めたのです。1924年のオリンピックでは、4×100mリレーで金メダルを、自由型100mと400mで銅メダルを取りました。ガートルードは速さを競うのが好きでしたが、本当に興味があったのは遠泳でした。彼女はローワーマンハッタンの波止場からニュージャージー州サンディフックまで泳ぎました――およそ28kmを7時間11分、世界新記録です！▼ガートルードはさらに不可能に挑戦し、英仏海峡を泳いで渡る初の女性になろうと心に決めました。新聞はトレーニングに励む彼女の野望をあざ笑いました。『ロンドン・デイリー・ニュース』は、「運動技術、スピード、耐久力を競うにあたっては、女性は永遠に弱いほうの性なのだと認めなければならない」と書きました。およそ36kmの英仏海峡を泳いで渡るのに成功した男性はそれまでたった5人しかいませんでした。ガートルードはエンリケ・ティラボッチが出した最速記録、16時間33分を破ることを目標にしました。▼1925年の初挑戦は大失敗に終わりました。彼女は9時間近く泳いだところで波酔いし、ボートに引きあげられました。しかしそれでも彼女は、自分にはできると証明したいと願いました。

1年にわたって猛特訓を重ね、ガートルードは戻ってきました。▼その日、海峡の水面は波立ち危険な状態で、ボートにも不具合が出るほどでした。彼女は水流の乱れのせいで何度もコースを外れ、潮の流れをうまく利用することができませんでした。ガートルードは、泳ぐにしろ溺れるにしろ絶対に諦めないと決意しました。彼女は粘り強く、14時間31分で海峡を泳ぎ切りました――それまでの世界記録を2時間も縮めての新記録達成です！彼女の記録はその後24年間破られませんでした。▼ガートルードはすぐさま注目の的となり、ニューヨーク史上最大級のパレードで迎えられました。彼女は女性でも極限状態で成功を収めることができるのだと証明し、その影響で水泳は1920年代から30年代にかけて女性に人気のスポーツになりました。ガートルードは98歳まで生き、2003年に亡くなりました。

1922年、1回の500m競技で、7つのラップタイムの世界記録を出した

英仏海峡を泳ぐあいだ体温を保つため、体にオリーブオイル、ラノリン、ラードを塗った

長時間にわたって英仏海峡を泳いだことで一時的に耳が聞こえなくなった

「波の女王」「アメリカ最高の女の子」とあだ名された

映画とヴォードビルの舞台に出演

全部で29以上の国内および世界記録を出した

選手引退後は耳の不自由な子どもたちに泳ぎを教えた

映画やダンスなど水泳の魅力を幅広く示した (1906-2002)

アイリーン・リギン

飛込み、競泳選手

結婚後はアイリーン・ソウルの名前で知られるようになったアイリーン・リギンは、1906年に生まれました。11歳の頃、医師はインフルエンザから回復した彼女に、体力作りのために水泳をするようすすめました。アイリーンは飛込みが気に入りましたが、当時は女性には危険すぎるのではないかと心配されていました。屋内プールの使用を断られてしまった彼女は、オリンピック予選に向けて屋外の潮だまりで練習しました。潮の満ち引きを見計らって、飛び板がちょうど本物のプールと同じように水面からおよそ3m上にくる時間に飛びこむのです。▼若い女の子が飛込みをするのは恥ずべきことだとみなされていたにもかかわらず、アイリーンは14歳で1920年オリンピック大会の競泳・飛込み代表チームに入りました。彼女は年齢を理由に飛込み競技からしめ出されそうになりましたが、競泳チームにも入っていたので海外への渡航が認められました。13日間かけてベルギーのアントワープへと旅するあいだ、アイリーンはウエストにベルトを巻いて体を固定し、海水を入れた小さな布製水槽で競泳の練習をしました。航海中には飛込みの練習はまったくできませんでした。アントワープはまだ第一次世界大戦の戦禍からの復興中で、オリンピック大会用の設備の状態もそれほど整っていませんでした。屋外プールは泥だらけでした。アイリーンは飛びこむ時、永遠に底に沈んだままになってしまうのではないかと怖くなりました。しかし彼女は怖れに打ち勝って、飛込みの金メダルを獲得したのです！▼パリで開催された1924年のオリンピックで、彼女はふたたび飛込みと競泳の両方に出場しました。彼女は3m飛び板飛込みで金メダル、100m背泳ぎで銅メダルを手に入れ、1回のオリンピックで飛込みと競泳の両方でメダルを獲得した史上初の人物となったのです。▼アイリーンは映画に出演し、世界中でパフォーマンスをおこない、その後スポーツ記者になりました。そして泳ぐことを決してやめませんでした。85歳の時、世界マスターズ水泳選手権で彼女の年齢区分の世界記録を6つ破りました。彼女は90代に入ってもまだまだ泳ぎ続けました。彼女は長生きし、96歳で亡くなった時には世界最高齢の女性オリンピックメダリストでした。

父親は海軍の軍人で、彼女は6歳の時にフィリピンで泳ぎを習った

彼女は1922年、世界初の水中撮影映画に出演した。1923年には世界初のスローモーション撮影水泳映画に出演

1967年、国際水泳殿堂に入った

1926年のステージパフォーマンスでは深さ約180cmのガラス製水槽に飛びこんだ

ダンスと水泳のショーとして有名なビリー・ローズ・アクアケードの第1回公演で主役を務めた

1920年のオリンピックではアメリカ最年少の金メダリストになった

スポーツをやらずにはいられない！(1911-1956)
ベイブ・ディドリクソン・ザハリアス
ゴルフ、バスケットボール、陸上競技選手

ベイブ・ディドリクソン・ザハリアス（本名ミルドレッド・エラ・ディドリクソン）は陸上競技の万能選手でした。彼女はバスケットボールのスター選手でゴルフ界の伝説でもありました。彼女は自信満々で、勝った時には臆面もなく大口をたたきました。自分は「世界一のアスリートになる。世界一の女性アスリートじゃない。世界一のアスリート！」としたためました。▼1911年に生まれたベイブはテキサス州で7人きょうだいのひとりとして育ちました。高校時代、彼女はあらゆるスポーツのスター選手でした。野球、バレーボール、水泳、テニス、バスケットボール——何もかもです！ ダラス労災損害保険会社は彼女に秘書の職を与え、同社のアマチュア女子バスケットボールチーム、ザ・ゴールデン・サイクロンズに参加させました。▼同社は宣伝のため、オリンピック出場選手を決める大会にベイブをたったひとりだけの陸上競技チームとして登録しました。ほとんどのチームには何人もの選手がいて、それぞれ異なる種目に出場します。ベイブはひとりで5種目を制し、走り高跳びに初挑戦して総合優勝をかっさらいました。当時、女性がオリンピックに出場できるのは3種目までと定められていました。ベイブはやり投げと80mハードルの両方で金メダルを獲得しつつ世界新記録を達成し、走り高跳びでは1位タイの記録を出しましたが、跳ぶ際に頭からつっこんでいたということで銀メダルが与えられました。▼ベイブはマスコミに崇められて人気者になり大金を稼いだので、大恐慌時代にもずっと家族全員を養うことができました。それから彼女はゴルフをやってみることにしました。彼女はチャンピオンになると決意して1日1000球も打ち、指から血が出るまで特訓しました。彼女は1946年から47年、女子アマチュアトーナメントに14連勝しました。AP通信は6度にわたって彼女を「今年の女子アスリート」に選出しました。彼女は1945年、プロゴルフ協会の36ホール男子大会に女性として初めて出場する資格を得て予選を通過しました。彼女はジェンダーの壁を破り、女子プロゴルフ協会を共同設立しました。▼ベイブは1953年にがんと診断され、病気と闘いながらゴルフで勝ち続けました。彼女は45歳で亡くなり、現在でも史上最高のアスリートとみなされています。

彼女の父親は裏庭に運動遊具を作り、子どもたちはそれでトレーニングができた

新聞に「筋肉女」と書き立てられて憤慨した

エキシビジョンマッチでヤンキースのジョー・ディマジオを三振させた

レースに間に合うようにレースしてる！

オリンピック予選では出場する試合と試合の間隔がたった数分しかなかったことも

彼女のふるさとの町、テキサス州ボーモントにベイブ・ディドリクソン・ザハリアス記念館がある

プロレスラーである夫、ジョージ・ザハリアスと出会ったのは、1938年にふたりがプロゴルフ協会ロサンゼルス・オープンに出場した時だった

女子柔道を世界に広めた(1913-2013)
福田敬子
柔道家

1964年の
東京オリンピック
開会式で
柔の形を
披露した

福田敬子は1913年、日本に生まれました。祖父は江戸幕府の柔術の師範だった福田八之助でした。新しい武術のかたちとして柔道を打ち立てたのは八之助の教え子だった嘉納治五郎です。治五郎は自身が率いる講道館で女子を対象にした稽古をおこなっており、敬子に参加をすすめました。これはたいへん先進的な試みでした。1930年代、女性が攻撃的な動きをしたり足を広げているところを見られたりするのはみっともないと思われていたからです——どちらも格闘技をするのに避けては通れません。敬子は対戦相手にいかに関節技をかけるかだけではなく、心と体の集中力を尊ぶ哲学も学びました。▼敬子は21歳の時に初めて柔道の稽古を受け、夢中になりました。お見合い結婚の話が持ちあがり、彼女は夫を取るか武道を取るか決断を迫られました。彼女は結婚を取りやめ、柔道と、よりしなやかな「柔の形」をきわめることに人生を捧げました。1953年、彼女はまだ女子で取得している人がほぼいなかった黒帯5段に昇段しました。同年、彼女は柔道の教えを広めるためにカリフォルニアへ渡り、そこで何年か過ごしました。1966年、彼女は日本からサンフランシスコのベイエリアに拠点を移し、ミルズ大学で教え、そのうち自身の道場を開きました。彼女は他の女性たちが健康になって技術を身につけるのを励まし、とても小柄な女の子たちにも対戦相手を投げ飛ばす強さを授けました。▼講道館柔道は何十年にもわたって女性が黒帯5段より上に昇段するのを認めていませんでした。もっと高度な技術があるのはあきらかだったにもかかわらず、敬子は20年にわたってずっと5段のままでした。彼女の友人で柔道の教え子であり全米女性連盟サンフランシスコ支部の部長だったシェリー・フェルナンデスに背中を押され、敬子は講道館に性差別的な慣習を撤廃するよう請願しました。1970年代前半、敬子は女性初の6段取得者になりました。▼福田敬子師は柔道を世界に広めた指導者のひとりです。たくさんの人々が彼女のもとで柔道を学びました。彼女は2006年に講道館から9段を授けられました。そして2011年、98歳の時に、アメリカ柔道連盟より柔道の最高段位である10段を授けられ、史上最高位の女性柔道家となりました。彼女は99歳でこの世を去るまで柔道を教え続けました。

1974年、
史上初の
女子だけの
柔道の
道場を
立ちあげた

著書は
『柔道畳のために
生まれて』
（1973）と
『柔の形』
（2004）

昭和
女子大学で
日本文学の
学位を
取得している

嘉納治五郎は
自分の
教え子たちに
柔道の教えを
広めさせた

つよく
やさしく
うつくしく

日本政府から
瑞宝章を
授けられた

ボウリングのとりこ(1914-2010)
マリオン・ラドウィグ

ボウリング選手

私の町が大好き！

生涯ミシガン州グランドラピッズに暮らした

30年にわたってブランズウィック・ボウリングのために働き、世界中でボウリングを教えた

1950年代から60年代にかけてボウリングの大ブームが起こりました。ボウリング場にはアマチュアとプロの両方が群がり、テレビ局の取材班はプロの大会を追いかけました。マリオン・ラドウィグは「ボウリングの女王」として誰でも知っているスターになりました。▼本名マリオン・マーガレット・ヴァン・オウステン、1914年ミシガン州に生まれた彼女のスポーツ人生は、まずソフトボール選手として幕を開けました。地元のチームでショートを守っていた22歳の時、ボウリング場の経営者が彼女の投球に目をとめました。彼は無料でいいから一度ボウリングをやってみないかとマリオンを招き、彼女はすぐにこれぞ自分のためのスポーツだと悟りました。▼熱心な練習の甲斐あって、彼女の平均スコアは182点まで上昇しました（ボウリングのパーフェクトゲーム、すなわち12投球連続ですべてのピンを倒した場合のスコアは300点）。まもなく彼女は1941年のウエスタン・ミシガン・ゴールド・ピン・クラシック大会に出場し、シングルスの部で優勝しました。▼1949年からの彼女は連戦連勝で、ボウリング界の伝説になりました。全米オールスター選手権では1950年から1954年まで5年連続で優勝しました。1951年、3回目のオールスター選手権獲得に向かう彼女は、初日に平均247.6のスコアをたたき出しました——男女を問わず史上最高得点です。彼女は8回にわたってオールスター選手権で優勝しました。その間、カメラは回り続け、マリオンはテレビの人気者になりました！▼マリオンは国際試合でも腕を競いました。1950年、彼女は国際婦人ボウリング協会のオールイベントタイトルを獲得しました。これはシングルス、ダブルス、団体戦をふくむ大会すべてにおいて獲得された得点を合計した部門です。マリオンのチームはこの年の国際婦人ボウリング協会選手権で優勝しました。1955年、彼女はふたたびオールイベントタイトルを獲得しました。▼マリオンは、この種の女性団体として初のものとなる、女子プロボウリング協会の設立に協力しました。1965年、彼女はプロボウリングから引退しましたが、エキシビジョン試合への出場を続け、故郷の町でボウリング場を経営しました。マリオン・ラドウィグは95歳で亡くなり、史上最高のボウリング選手として記憶されています。

1964年、人気テレビ番組『ホワッツ・マイ・ライン?』に出演した

9度にわたって「今年の女子ボウリング選手」に選ばれた

1988年のソウル・オリンピックでボウリングのデモンストレーションをおこなった

1959年、ミシガン州スポーツの殿堂に加わった

25

さまざまな差別に立ち向かった野球選手(1921-1996)
トニ・ストーン
野球選手

スカートをはいてプレーしろと言われましたが、彼女は断りました！

ミネソタ州セントポールに彼女を讃えて命名された野球場がある

引退後は看護師になり、しばしば遊びで野球をプレーした

子どもの頃から才能を示し、セントルイス・セインツのマネージャーは男子のみの野球キャンプに彼女を参加させた

クラウンズのエキシビジョンマッチで、有名なピッチャーのサチェル・ペイジからヒットを奪ったのは彼女だけだった

　トニことマルセニア・ライル・ストーンは1921年、ミネソタ州に生まれ、10歳の頃に野球をはじめました。女子のプロ野球リーグは1943年に初めて設立されましたが、有色人種の女性たちは参加が認められていませんでした。アメリカ合衆国では人種分離政策がおこなわれており、それはスポーツにも適用されたのです。男子プロ野球には白人だけのメジャーリーグと、黒人だけのニグロアメリカンリーグがありました。ジャッキー・ロビンソンが黒人男性選手として初めてメジャーリーグの試合に出場したのは1947年のことです。黒人女性であるトニはものすごく野球が上手だったにもかかわらず、プロ選手として活躍できる場がありませんでした。▼15歳の時、トニはセミプロの男子トラベリングチーム（本拠地を定めないチーム）、ツインシティーズ・カラードジャイアンツに加入しました。1946年頃、彼女はサンフランシスコで姉妹と同居し「トニ」の名でアマチュアリーグの試合に出場するようになりました。じきに彼女はセミプロの地方巡回チーム、サンフランシスコ・シーライオンズに参加し、それからニューオーリンズで同じくセミプロのブラックペリカンズに入りました。1949年、彼女はマイナーリーグの人気チーム、ニューオーリンズ・クレオールズと契約しました。1953年、彼女はニグロリーグのインディアナポリス・クラウンズと契約し、メジャーのプロ野球チーム史上初の女性選手になりました。▼クラウンズがトニを雇ったのはもの珍しさで観客を集めようとしてのことでしたが、彼女は技術で自分の価値を証明しました。彼女は二塁を守り.243の通算打率を出しました。100ヤード（91.44m）を11秒で走る俊足でした。トニはリーグの頂点に立つカンザスシティ・モナークスでプレーしました。▼トニは意欲的にプレーしましたが、それでもずっと性差別に対処することを余儀なくされました。彼女はしばしばスタメン落ちし、チームメイトですら彼女に「うちに帰って旦那にビスケットを焼いてやれ」などと言いました。彼女は1954年にプロ野球を引退しました。1990年、野球殿堂で彼女の特別展示がおこなわれました。彼女は1996年にこの世を去りましたが、これからもずっと野球におけるジェンダーの境界線を破った人物として記憶され続けることでしょう。

グランドスラムで優勝した初の
アフリカ系アメリカ人選手

全米テニス協会の大会に出場した
初のアフリカ系アメリカ人選手

国際テニスの殿堂入り

「スポーツの分野では、多かれ少なかれ、人はその人が何であるかよりも何をするかによって認められます」
——アルシア・ギブソン

何者であるかよりも、何をなしたか(1927-2003)
アルシア・ギブソン
テニス選手

アルシア・ギブソンは1927年に生まれ、ニューヨークのハーレムで育ちました。彼女は反抗的な子どもで、よく学校をさぼっていましたが、ある日、地域の共同体が設けた「運動用遊歩道」で子どもたちがスポーツをしているのに行きあたりました。彼女はこれをきっかけに運動に打ちこむようになり、13歳の時、トップクラスの黒人専用テニスクラブに招かれました。それから1年も経たないうちに彼女は米国テニス協会のトーナメントで初優勝し、1944年および1945年には女子の部で全国優勝を果たしました。アルシアの才能に可能性を見出したふたりの公民権運動家、ロバート・W・ジョンソン博士とヒューバート・A・イートン・ジュニアは彼女を支援し、自分たちの家族と同居するよう招きました。▼アルシアは全米ローンテニス協会（USLTA）の大会に出場したかったのですが、USLTAの施設はまだ白人以外の利用が認められていませんでした。有名な白人テニスチャンピオン、アリス・マーブルは雑誌『アメリカン・ローン・テニス』に、テニス界の人種差別を痛烈に批判する論説を寄稿しました。1950年、アルシアはついに有色人種の選手として初めてフォレストヒルズで開催される一流の誉れ高い全米オープンへの出場が認められました。▼1951年、彼女はウィンブルドンに出場し、国際テニス界で初めて肌の色による境界線をこえた黒人選手となりました。1956年の全仏オープンで、彼女は黒人選手史上初のグランドスラムを制し、新しいダブルスパートナーおよび生涯の友人となるアンジェラ・バクストンと出会いました。彼女たちはウィンブルドンや全仏オープンなど、数多くの試合で一緒に勝利を収めました。アルシアは1957年および1958年、ウィンブルドンと全米オープン両方の頂点に立ちました！彼女は国内・国際大会に出場し、3年間で11ものタイトルを獲得しました。▼1958年、彼女がプロ選手としてのキャリアを終えた時には、女子の優勝賞金はまだとても少ないか、まったく出されないかでした。アルシアは残りの人生を、人前に立ち、教え、スポーツをし、自分を育んだコミュニティに恩返しをして過ごしました。テニス界の伝説は人種差別撤廃の重要性についての理解をうながそうと力を尽くし、有色人種のアスリートたちが夢を追う道を切り拓いたのです。

※グランドスラム：国際テニス連盟が定めた4大大会（全豪・全仏・全米オープン、ウィンブルドン選手権）、またはそれらすべてを制覇すること

#1 1957年および58年、AP通信社の「今年の女性アスリート」に選ばれる

『スポーツ・イラストレイテッド』および『タイム』の表紙を飾った初の黒人女性

イギリス女王から1957年のウィンブルドン選手権のトロフィーを授与されました！

女子プロゴルフ協会でゴルフをプレーした初のアフリカ系アメリカ人

恵まれない子どもたちがゴルフとテニスを習い奨学金を獲得するのを支援する団体、アルシア・ギブソン協会を共同設立した

アジア、オーストラリア、イタリア、ウェールズ、パンアメリカン競技大会など、世界中のトーナメントで優勝した

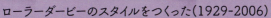

ローラーダービーのスタイルをつくった（1929-2006）

アン・カルヴェッロ

ローラーダービー選手

スケートリンクで鼻の骨を12回折ったことから「バナナ鼻」の異名をとった

1972年4月15日、インディアナポリスはこの日をアン・カルヴェッロの日とした

彼女の人生についてのドキュメンタリー映画は『ダービーの悪魔』（2001）と題されている

獅子座生まれの彼女は別名「ザ・ライオネス」としてライオンの指輪やタトゥーをしていた

しばしば善玉のブロンド・ボンバーことジョーニー・ウエストンの対戦相手として悪役を演じた

この発言は有名
「ジョー・ネイマスはフットボール界のアン・カルヴェッロ」

「バナナ・ノーズ」、「スケート界最凶のママ」そして「ザ・ライオネス」、すべてローラーダービー史上最高のバッド・ガール、アン・カルヴェッロのあだ名です。パンク・ロックのスタイルが流行するずっと前に、アンはスケート界隈によくいる日焼けした金髪の女の子たちとは違うぶっとんだ派手な色の髪と服とメイクで自分だけのスタイルをつくりだしました。トラック上で人々を威圧するのが大得意で、まさに劇的かつ攻撃的だったアンは、悪役を演じて観客を沸かせ、チケットの売りあげを増やしました。▼アン・テレサ・カルヴェッロは1929年、ロードアイランドに生まれました。彼女の家族は1941年にサンフランシスコに引っこし、アンは旧市街をローラースケートで滑り回っていました。ローラーダービーも大恐慌時代の産物です──1930年代、ダンスマラソンやサイクリングマラソンといったがまん大会のような娯楽が人気を集めました。1935年に初のローラーダービー大会が開催され、男女の25チームが競技場をぐるぐる滑りました。最初に走行距離3000マイルに達したチームが優勝です。これが2チーム対抗の、リンク上でおたがいを追いぬくことで得点が入る、身体的接触をふくむスポーツへと進化しました。アンはさらにこれが今日私たちが知っているスポーツ、つまりプロレス的な気質のハイペースな競技になるのに貢献しました。▼アンは18歳の時にローラーダービーの試合を見に行き、じきに女子チームの巡業に加わってヨーロッパを回りました。50年代から60年代、彼女はサンフランシスコベイ・ボンバーズやジャージー・ジョルターズをはじめいくつものチームに参加しました。アンは他の選手に忍びより、悪態をつき、面倒を起こし、扇動家の役割を演じて観衆の興奮を煽りました。また試合ははげしいコンタクトスポーツでもあり、アンは落下や乱暴なプレーであばらにヒビが入ったり骨折したりするのも辞さない闘争心あふれる選手でした。▼アンは1940年代から2000年代までローラーダービーのあらゆる時代を経験しました。アンはがんと闘いましたが、71歳になってもなお試合で競い続けました。悲しいことに彼女の命は76歳の時にがんに奪われてしまいました。アンはローラーダービーの女王としてこの先もずっと忘れられることがないでしょう。

「(彼女は)自分がこれから何をするかについて自分自身の考えを持っており、それを実行しました。彼女の道を阻むものは何もありませんでした」——デニス・バートン=コール、自転車チャンピオンでベリルの娘

イギリス最高のサイクリスト（1937-1996）
ベリル・バートン

自転車選手

いい運動になる！

ベリル・バートンは知られざる偉大な自転車選手です。彼女はイギリス最高のオールラウンダーとして25年連続でロードレース界に君臨しました。彼女は世界タイトルを7個、自国イングランドのタイトルを96個も獲得しています。▼ベリル・チャーノックは1937年、ウエストヨークシャーに生まれました。彼女は10代の頃から仕立て業者で働き、そこでチャールズ・バートンに出会って自転車の世界を知りました。彼女は17歳で彼と結婚しました。ベリルが選手として活躍するあいだずっと、チャールズは彼女の自転車整備士として仕え、同時にふたりの娘の面倒を見て、彼女を支え続けました。▼ベリルは決まった時間内で可能な限り遠くまで走るタイムトライアルの大会、ブリティッシュベストオールラウンダーに挑戦しはじめました。1959年、ベリルは初めて勝利を飾り、それ以降は1983年まで毎年優勝し続けました。彼女はイギリス最速の女性でした。▼1967年、ベリルはそれまで誰も考えられなかったことをやってのけました。男子の最速記録を破ったのです。12時間のタイムトライアルで、ベリルは世界記録を破ろうとしていたマイク・マクナマラに近づきました。しかしベリルは速すぎました。彼女は何でもない様子でマクナマラにキャンディを1個あげつつ彼を追いこし、前へ進んで走行距離およそ446kmの世界新記録を達成しました。彼女の記録はその後2年間、男子および女子サイクリストの最速記録となり、現在でも女子の距離記録として破られていません。▼1968年、ベリルは100マイル（およそ161km）を3時間55分5秒で走り、女子の新たな世界記録を出しました。彼女は10マイル、25マイル、30マイル、50マイルでも世界新記録を出し続けました。彼女は競技人生を通じて国際試合にも出場し、UCIロード世界選手権で2回1位になり、UCIトラックレース世界選手権で5回勝利しました。▼ベリルは1986年に最後のタイトルを獲得したあともずっと練習と競技を続けました。彼女は1996年、59歳の誕生日を迎える直前、家の近所で自転車に乗っていた時に心不全を起こして亡くなりました。ベリルは生前イギリスの新聞に大きく取りあげられたことはありませんでしたが、現在では自転車レース史上最速の女性として記憶されています。

彼女の娘デニスも自転車選手で、成長して全国大会でベリルを打ち負かした

UCI（国際自転車競技連合）のロードレースとトラックレースに出場し、世界選手権のメダルを合計15個獲得

自伝『自己最高記録』を書いた

友達のルバーブ農園で働いて生計を立てた

1964年に大英帝国勲章MBE、1968年に大英帝国勲章OBEを与えられた

1984年までオリンピックに女子自転車競技は存在しなかった

男装してポロの世界へ（1937-2003）
スー・サリー・ヘイル
ポロ選手

スー・サリー・ヘイルは変装してポロの試合にのぞみました。胸をつぶし、長い髪をたくしこんで、口ひげをつけ、彼女は試合が終わるといつもすぐに姿を消してしまう謎の紳士A・ジョーンズ氏に変身しました。全米ポロ協会（USPA）は女性がプロ選手になるのを禁止していましたが、スー・サリーを止めることはできませんでした。

▼1937年に生まれロサンゼルスで育ったスー・サリーは、幼い頃から馬とポロが大好きでした。彼女はウィル・ロジャーズ・ポロ・クラブの近くでポニーに乗り、同クラブの設立者デューク・コウルターが彼女の面倒を見るようになりました。▼スー・サリーは最高の選手たちと一緒にポロをプレーすることができましたが、USPAは女性選手が試合で競うのを認めませんでした。ハリウッドのスタントマンだった義父はスー・サリーが完璧に変装するのを手伝い、彼女は1950年代から1972年まで20年にもわたって男性としてポロをプレーしたのでした。チームメイトたちは彼女の秘密を守りました。なぜなら彼女はすごく優秀な選手だったからです。彼女は変装をといて試合後のパーティに出席し、時にはA・ジョーンズがどんなに上手だったか敵のチームの選手が話すのを聞くことになりました。▼1957年、彼女は乗馬学校を開き、カーメル・ヴァレー・ポロ・クラブに参加しました。数年後、かつての師デュークは自分のクラブでプレーするよう彼女を招きました。しかし、ビジターチームの選手が女性を相手に試合をするのを拒否したため、彼女はチームを去らざるを得なくなりました。▼スー・サリーは自分のクラブで非公式試合の企画をはじめ、ポロ界で彼女本人として認められはじめました。女性の試合出場を認めるよう求めてUSPAを相手にロビー活動をしてもうまくいかなかったので、もし認めないのなら自分が何十年にもわたってA・ジョーンズとして人々を欺いてきたことをばらしてやると彼らをおどかしました。それが功を奏しました！ 1972年、彼女も彼女のクラブの他の女性選手たちも会員権を手に入れたのです。彼女の行動がポロを男女のスポーツにしました。▼スー・サリーはポロの振興に最大級の影響をもたらした人物であり、未来の伝説的選手を何人も育成しました。彼女はシニアの部のポロの試合に出場し続け、2003年に自分の牧場で亡くなりました。

全米ポロ協会に2ゴールのハンディキャップを与えられた

足を骨折した状態で試合を終えたことがある

「紳士のみなさん、いい子になりなさいな。歓迎するよ」
彼女を踏みつぶすと脅した男たちにうまく言い返し、試合への集中力を失わせた

『ポロ・マガジン』で「伝説のポロ選手20人」のひとりに選ばれた

5度にわたる妊娠期間中にもプレーを続けた

20年にわたって全米ポロ協会に入会を求める手紙を書き続けた

世界で初めてエベレストを制した女性(1939-2016)
田部井淳子
登山家

1960年代から70年代の日本では、女性が家庭の外で活躍できる機会は限られていました。大学で教育を受けた女性ですら補佐的な仕事につく以外の選択肢はとても少なかったのです。しかし田部井淳子は、自分にはすごいことをなしとげる可能性があるのだと信じていました。彼女は世界最高峰への登頂に成功し、世界中の女性たちのロールモデルとなったのです。▼田部井淳子は1939年に生まれ、10歳の頃から登山をはじめました。彼女は登山がスピードを問わず競争でもないところが好きでした。チームで協力して頂上を目指すのが登山なのです。淳子は高校時代も登山を続け、大学を出たあとは圧倒的に男性多数だった登攀（クライミング）クラブに参加しました。▼1969年、淳子は日本初の女子登攀グループを立ちあげ、彼女たちを率いてアンナプルナⅢ峰に登頂しました。この勝利ののち、彼女はエベレストに狙いを定め、登頂計画を立てて企業スポンサーを探しはじめました。淳子は「そんなことより子育てをしろ」と言われたのを覚えています。多くの企業が女性には「不可能」だと考えたのです。最終的に、新聞社とテレビ局が彼女たちに必要な資金を提供しました。彼女は14人の女性たちの先頭に立って世界最高峰を目指しました。▼エベレストは登頂がきわめて困難かつ危険な山とみなされています。たくさんの人々がエベレストに登ろうと試みて、結局は引き返してくるか、もっと悪い場合は山で亡くなっていました。登頂の12日前、一行は雪崩にあいました。彼女は他の4人の下に埋まり、登山ガイドに救出されました。幸い誰も命を落とすことはありませんでしたが、淳子は体中あざだらけになり、痛みに苦しみました。そうした苦労のすえ、1975年5月16日、ついに淳子は女性として世界で初めてエベレストの頂上に立ちました。▼1992年、淳子は次の目標を達成しました。「七大陸最高峰」、すなわち地球上の7つの大陸それぞれで最も高い山をすべて制覇したのです。彼女はさらに世界の国々のそれぞれいちばん高い山に登りはじめ、年齢を重ねても登山を続けて、70ヵ国の最高峰に登頂しました。がんと診断されてからも、4年間は山に登り続けました。彼女は2016年に77歳でこの世を去りました。淳子は女性も「不可能」を可能にすることができるのだと何度も何度も証明してみせたのです。

エベレストの生態系を登山者のゴミから守ろうと呼びかけた

氷のナイフのようなエベレストの尾根の側面を6キロも這い進んだ

エベレストの頂上は「畳1枚よりも小さい」と語った

エベレスト登頂に成功した36人目の人物

ネパール国王は淳子のエベレスト登頂の成功を祝った

キリマンジャロ、アコンカグア、エルブルス、ヴィンソンマシフなどたくさんの山に登った

数々の異名を持つ俊足のランナー(1940-1994)
ウィルマ・ルドルフ
陸上競技選手、短距離走者

ウィルマ・グロディーン・ルドルフは1940年、テネシー州に生まれました。彼女は4歳の時にポリオに感染し、左脚の筋肉が麻痺して、二度と歩くことはできないだろうと医師に言われました。理学療法だけが残された希望でしたが、不当な人種分離法のせいでウィルマは近所の白人専用病院にかかることができませんでした。なので、彼女の母親は必要な治療を受けさせるため、毎週バスに乗って80kmほど離れたナッシュヴィルまでウィルマを連れて行きました。9歳になる頃には、ウィルマは予想に反してふたたび歩けるようになっていました！

▼彼女は高校のバスケットボールチームのスター選手になりましたが、人種分離政策下の南部で差別を経験しました。差別への憤りはウィルマの競争心に火をつけ、勝つことが彼女の「新しいやり方の反撃」になりました。

▼ウィルマは15歳の時、エド・テンプルに抜擢されて陸上競技のサマーキャンプに参加し、16歳になるとオリンピックへの出場資格を手にしました。彼女は400mリレーの銅メダル獲得に貢献しました。4年の時が流れ、彼女は1960年のオリンピックに向けて準備万端でしたが、試合の前日に足首をひねってしまいました。彼女はテーピングした足首に痛みを感じつつ出場し、100m走、200m走、4×100mリレーで金メダルを獲得しました。ウィルマは1回のオリンピック大会の陸上競技で3個の金メダルを取った初のアメリカ人女性でした。彼女は国際的に大評判になりました！▼ウィルマは世界からの注目に応じて各地を旅して回りました。故郷のテネシー州クラークスヴィルは、彼女をパレードで迎えようとしました。ウィルマはこのパレードが人種分離されているなら参加しないと主張しました。彼女はこれをクラークスヴィル初の人種統合イベントにしたのです――彼女は残りの人生ずっと、自らの名声を使って市民権を支持し続けました。▼ウィルマは22歳で陸上競技を引退し、アメリカ合衆国のフランス領西アフリカ親善大使に就任しました。彼女はウィルマ・ルドルフ・ファウンデーションを設立し、行政サービスが行き届かない環境にある若いアスリートたちが夢を追うのを助けています。ウィルマはがんをわずらって54歳で亡くなりましたが、彼女がスポーツと市民権に捧げた情熱は、その伝説と基金を通じて生き続けています。

プレスツアーでエリザベス女王とケネディ大統領に面会した

バスケットボールのコートですばやく駆け回っていたことから「スキーター（蚊）」というあだ名がついた

全米陸上殿堂と国際女子スポーツ殿堂に入っている

選手引退後は学校の教師とコーチを務めた

テネシー州立大学に入り、この大学の陸上チーム「タイガーベルズ」の一員として走った

ヨーロッパの新聞で「黒いガゼル」「黒真珠」と呼ばれた

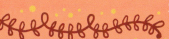

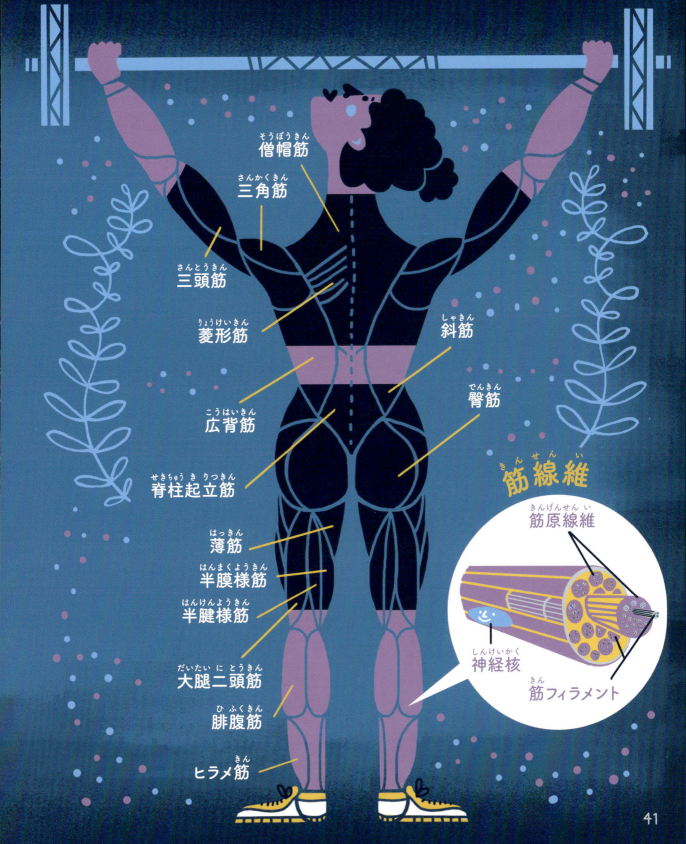

選手たちを文武両道にみちびいた（1941-）
ジョディ・コンラッド

バスケットボール監督

ジョディ・コンラッドは最強のチームを監督し、女子バスケットボールを今日の活気あふれるスポーツへと変えました。彼女は報酬の出ない副業として監督をはじめましたが、2007年に引退した際には年収50万ドル以上を稼いでいました。▼1941年、テキサス州に生まれたジョディことアディー・ジョー・コンラッドは、いつも故郷の州に誇りを持っていました。彼女は高校でバスケットボール選手として活躍し、プロとしてスターになることを夢見ていました。彼女はベイラー大学で体育学の学位を取りながらバスケットボールを続けました。ジョディは1963年に卒業し、教師の仕事をしながら高校バスケットボールのチームを指導しました。最初のうち彼女は、ゆったりしたペースで、6人チームのうちコートの全面を走れるのは2人だけというスタイルの女子バスケットボールを指導していました。6年後、彼女は大学バスケットボールに移り、男子と同じスタイル、すなわち5対5で全員がコート全面を走る試合の指導をはじめました。1973年、彼女はサム・ヒューストン州立大学からアーリントンのテキサス大学に移りました。女子のスポーツ活動全体の予算がたったの1200ドルしかなく、ジョディは3つあった女子チームすべてを監督しました。彼女の指導のもと、この大学の女子チームは、バスケットボール、バレーボール、ソフトボールのすべてで州大会を制しました。▼ジョディは名をあげつつありました。彼女は引きぬかれてオースティンのテキサス大学の女子バスケットボール・チーム、ロングホーンズの監督になりました。彼女の指導のもとロングホーンズはサウスウエスト・カンファレンス（リーグ）で向かうところ敵なしになり、183試合を連続勝利しました。1986年、ジョディはこのチームをシーズン無敗のすえに全国大会初優勝へと導きました。翌年、彼女はアメリカ合衆国代表を監督してパンアメリカン競技大会で勝利させました。1997年、彼女は女性バスケットボール監督として初めて700勝を達成しました。▼ジョディは業績に900勝を加えてから引退しました。女子バスケットボールの最多勝利数の保持者、彼女の友達でメンター（助言者）だったパット・サミットに次ぐ数字です。ジョディは女性チャンピオンたちの時代を先導し、女子アスリートに対する国の認識を変えたのです。

1984年と1986年にWBCAの「今年の監督」に選ばれた

2010年、NACWAAから生涯功績賞を授与された

彼女の選手たちの99％は大学を卒業した

最初にNCAAの承認を得た女性チームのうちのひとつを指導した

1992年に創立されたテキサス大学女子運動部連合会の主任を務めた

ベストフォーに2回進出させた

愛もテニスも正直に生きる (1943-)
ビリー・ジーン・キング
テニス選手

雑誌『ライフ』で「20世紀の最も重要なアメリカ人100人」のひとりに選ばれた

ビリー・ジーン・キング（旧姓モフィット）は1943年、カリフォルニア州に生まれました。彼女は12歳でテニスに恋しましたが、このスポーツのエリート主義的なところは好きではありませんでした。当時テニスをするには、高いお金を払ってクラブに入会しなければならず、その多くは白人しか受け入れないうえに女性に対して差別的でした。1961年、17歳のビリー・ジーンはダブルスでウィンブルドンに優勝して誰もを驚かせました。1966年にはウィンブルドンのシングルスで初優勝を飾りました。▼1968年、全米テニス協会（USTA）は大会に賞金を出しはじめましたが、女子の賞金は男子の賞金の半分以下の金額でした。この年のウィンブルドンで優勝者のビリー・ジーンに授与された賞金は750ポンド。男子チャンピオンは2000ポンドでした。彼女は他の8人の女子選手と一緒に、女子プロテニス大会「バージニア・スリムス・ツアー」を立ちあげました。1971年には、彼女たちは大会1回あたり賞金1万ドルを確保していました。ビリー・ジーンはスリムス・ツアーと全米オープンに君臨し、女子選手史上初の年間獲得賞金10万ドルを達成しました。1972年、ビリー・ジーンは女性で初めて雑誌『スポーツ・イラストレイテッド』の「今年のスポーツ選手」に選ばれました。▼1973年、USTAはついに男子と女子に同額の賞金を与えると決定しました。女性解放運動のもりあがりは最高潮で、女性たちは平等な待遇と賃金を要求していました。状況はいくらか前進してはいましたが、スポーツ界では女性の価値への疑念はまだ消えていませんでした。女性の社会進出に批判的だった男子テニス元チャンピオンのボビー・リッグスは、ビリー・ジーンに「男女対抗試合」を持ちかけました。最初、ビリー・ジーンは断りましたが、一流選手マーガレット・スミス・コートが彼に敗れたのを見て、世界に女子テニスの価値を認めさせるために自分がボビーを倒さねばならないと決意しました。彼女は6-4、6-3、6-3で圧勝しました。彼女の勝利は女子テニス協会の設立へとつながりました。▼1983年に引退するまでにビリー・ジーンが優勝を収めた回数は、グランドスラムのタイトル39個をはじめ数え切れないほどでした。彼女は現在もスポーツおよび労働における女性の平等な待遇のために闘い続けています。

1981年にカムアウトし、自分がレズビアンだと公表している初のスーパースター選手となった

「ビリー・ジーン・キング・リーダーシップ・イニシアチブ」は労働とリーダーシップにおけるさらなる多様性の実現を目指して活動している

1974年に女性スポーツ財団を設立

男性優越主義者のブタ！

「男女対抗戦」試合開始前にボビー・リッグスに子ブタをあげた

1996年オリンピックのアメリカ合衆国代表チームを監督した

2010年、女性初のスケートボードの殿堂入り

史上初の女性プロスケートボーダー

『ライフ』の表紙に登場

「53年にわたってスケートボードをやってきたのに大勢の人々が女の子がやるのは最近のことだと思っています。これがスポーツとしてこんなに大きく成長するなんて、いったい誰が想像していたでしょう？」——パティ・マッギー

女性スケーターの代名詞(1945-)
パティ・マッギー

スケートボーダー

1965年、雑誌『ライフ』はスケートボードを「改造車に次いで最高に爽快かつ危険な乗りもの」と紹介しました。その表紙で金髪の小柄な女の子が逆立ちしてスケートボードに乗っていたのがどれだけ強烈な印象を与えたかは想像に難くありません。この女の子こそがパティ・マッギーで、彼女はスケートの世界で大活躍し、後世にきわめて大きな影響を与えました。▼パティは1945年に生まれ、カリフォルニア州サンタモニカで育ちました。彼女は海とサーフィンが大好きでした。波が低すぎる時にはサーファーは何をすればいいのでしょう？ もちろん、道路に出るのです！ パティは1962年にスケートボードをはじめました。彼女とサーフィン友達は丘をスケートボードで滑り降り、技を練習するために駐車場に忍びこみました。パティは危険を怖れずスケートボードに乗って、逆立ち、8の字、360°などの技に挑戦しました。彼女はスピードも追求し、1965年にはバイクに引っぱられたスケートボードの最速記録を出しました。同年、彼女は全米スケートボード選手権の女子チャンピオンになりました。▼大勝利を収めた彼女には、いろいろなチャンスがやってきました。19歳の時、ホビー・スケートボードがスポンサーにつき、彼女は世界初の女子プロスケートボード選手になりました。彼女は技を披露し人々にスケートボードの乗り方を教えながら全国各地を旅して回りました。彼女はテレビに出演し、女性として初めて雑誌『スケートボード』の表紙を飾りました。これらすべてがスケートボードの全国的大流行に貢献しました。▼1970年代になってスケートボードの人気が落ち着くと、パティは道具を切り替えました。彼女は北カリフォルニアでスキーをはじめ、ネヴァダ州に向かって、そこでトルコ石を採掘しました。革職人の仕事もしました！ パティはアリゾナ州で交易所を運営し、2人の子どもを育てました。▼しかしそこで15年を過ごしたあと、パティはスケートボードのビジネスに戻ってきました。彼女は自分の会社ファースト・ベティを設立し（現在の会社名はオリジナル・ベティ・スケートボード・カンパニー）、ボードを製造して女性スケーターを支援しています。最近でも地元のスケートパークで滑っているところを目撃されているパティは、スケートの歴史における先駆者として知られているのです。

- 1960年代のビーチ・パーティ映画でスケートの技を披露した
- プロ選手として活動していた頃は月に250ドル稼いだ
- 「スケート・ベティ」は女性スケーターを意味するスラングになっている
- 彼女の兄は木材と車輪で彼女の初めてのスケートボードを手作りした
- ベル電話会社のコマーシャルに出演した
- 2004年、「マリブ・サーフィンの伝説」になった

女子スポーツの振興に貢献(1952-)
アニタ・デフランツ
ボート選手、スポーツ組織者

ボート競技で6回にわたって全米チャンピオンに

アマチュア・スポーツ法について国会で証言するため練習に出られなかったことがある

彼女のロールモデルは自分のおばあさんとハリエット・タブマン

ボート競技でオリンピック金メダルを獲得した初のアフリカ系アメリカ人

オリンピック種目に女子サッカーと女子ソフトボールが加わるよう尽力した

1995年から2014年までIOCの女性とスポーツ委員会の委員長を務めた

アニタ・デフランツは1952年、公民権運動に積極的にたずさわっている両親のもとフィラデルフィアに生まれました。アニタは常にスポーツへの情熱を胸に抱いていましたが、その頃、黒人の女の子である彼女にとって、ともに競い合えるチームを見つけるのはたいへんなことでした。▼彼女が本格的なスポーツのチームに参加したのは、コネチカット大学に進学してからでした。最初、バスケットボールをやってみましたが、彼女の体格と運動能力に目をとめたボート競技の監督に引きぬかれました。彼女は大学を卒業した時、ふたつの目標を達成していました。ボートでオリンピックに出場することと弁護士になることです。彼女は自分が法学の学位を取ることで効率的に世界を変えることができるとわかっていました。彼女はロースクールに進学し、ボート競技も続けました。アニタは1976年、オリンピックの代表チームに選抜され、女子エイトで銅メダルを取りました。ボートの練習をし、弁護士として働き、ヴェスパー・ボート・クラブと全米ボート協会両方の理事を務めるアニタは、日々どれだけ忙しくとも1980年のモスクワオリンピックで金メダルを取ろうと心に決めていました。▼たいへんな努力をしたにもかかわらず、アニタは1980年のオリンピックで競うことを政治に阻まれてしまいました。ソビエト連邦がアフガニスタンに侵攻し、アメリカ合衆国はその年モスクワで開催されるオリンピックをボイコットしたのです。アニタはこれを不公平だと思いました――オリンピックは世界のものであって、ひとつの国だけのものではありません！彼女はアスリートの出場する権利を主張して訴訟を起こし、勝つことはできませんでしたが、この訴訟でリーダーシップを発揮したことから国際オリンピック委員会（IOC）よりオリンピックオーダーの銅メダルを授与されました。▼アニタは1984年のオリンピック大会のために働くようアメリカ合衆国オリンピック委員会に雇われました。1986年、アニタはIOCでアメリカ合衆国出身の史上初のアフリカ系アメリカ人となり、1997年には、女性として初めてIOC理事および副会長に就任しました。現在でもアニタは、アメリカ中の子どもたちにスポーツ奨学金などの援助を与え、世界中の女性アスリートたちにもっと公正な機会を創出するために自分の力を使っています。

日本でも活躍した偉大なバレー選手（1954-1986）
フロー・ハイマン
バレーボール選手

こしゃくなやつめ！

1960年代において女子バレーボールは、おおかた真剣なスポーツではなく遊びの活動であるとみなされていました。当時、人々はたいていのところバレーボールは白人のものでバスケットボールは黒人のものと考えており、背の高い黒人女性だったフロー・ハイマンは、バレーボール選手のステレオタイプにあてはまりませんでした。しかし彼女の技術は、アメリカ人がこのスポーツに抱いていたイメージを一新することになりました。彼女は世界最高のバレーボール選手として認められ、アメリカ合衆国女子代表チームを勝利へと導きました。▼「フロー」ことフローラ・ジーン・ハイマンは1954年、カリフォルニア州に生まれました。フローはすくすく育ちました――17歳の時には身長1m95cmに達していました。フローはバレーボールのチームプレーを楽しみ、学校のチームに参加しました。彼女はその長身と体力で、力強いサーブとスパイクを繰り出しました。技術を完璧にみがきあげるため熱心に練習する彼女には、単なる運動能力以上のものがありました。フローはリーダーの素質と人柄に恵まれていました。彼女はいつも自分のことだけでなくチーム全体の成功を優先していました。ヒューストン大学在籍中、彼女は3回にわたって全米代表に選ばれました。1975年、フローはアメリカ合衆国女子代表チームに加入しました。▼このチームがオリンピックで競えるようになるまでには、たくさんの練習が必要でした。1976年のオリンピックでは、彼女たちは1年にわたってトレーニングをしたにもかかわらず出場資格を勝ち取ることすらできませんでした。▼フローはチームメイトたちが全力を尽くすよう励まし、努力の甲斐あって1980年のオリンピックへの出場資格を獲得しました。しかし冷戦下の政治的衝突を理由にアメリカ合衆国が大会をボイコットしたため、彼女たちは出場できなくなってしまいました。フローとチームメイトたちは練習を続けて1984年のオリンピックに備え、彼女はチームを銀メダルに導いたのです！▼1986年、彼女は日本でプロのバレーボール選手としてプレーしていた時に、突然亡くなりました。心不全につながる遺伝性疾患、マルファン症候群が隠れた死因でした。1987年から2004年まで、彼女にちなんだフロー・ハイマン記念賞が、18人の傑出した女性アスリートに贈られました。

1981年のバレーボールワールドカップで「最優秀アタッカー」に選ばれた

ワールドカップ、パンアメリカン競技大会、ユニバーシアードに出場

フローが亡くなったあと、彼女の弟はマルファン症候群の検査を受け、結果的に命を救われることになった

自分のチーム内では「おばあちゃん」とあだ名されていた

女子スポーツにもっとたくさんの国家予算を割り当てるよう求めてロビー活動をおこなった

アメリカ合衆国代表チームの監督アリー・セリンジャーは彼女に「床にぶつかる」のを怖れるなと教えた

大好きな犬たちとともに雪原を駆ける(1954-2006)
スーザン・ブッチャー

ドッグマッシャー
（犬ぞり操縦者）

アイディタロッドに17回出場し、12回も5位以内に入った

2年連続で「今年の女性アスリート」に選ばれた

1979年、女性として初めてデナリ（マッキンリー山）の犬ぞりチームのリーダーになった

アラスカ州で開催される犬ぞりレース「アイディタロッド」は「地上最後の大レース」と呼ばれています。犬ぞりを操るマッシャーはおよそ1688kmを、氷点下の気温、野生動物、凍った川、ものすごく危険なアラスカの大自然に気をつけながら進まなければなりません。マッシャーには長いレースに耐える精神力と体力が必要です。スーザン・ブッチャーは史上最高のマッシャーになりたいと願っていました。▼スーザン・ハウレットは1954年に生まれ、マサチューセッツ州で育ちました。母親にシベリアンハスキーを与えられたのをきっかけに、自分の天職に気づきました。スーザンは高校を卒業するとコロラド州に移り、犬ぞりを引く犬の訓練をはじめました。それから彼女はアラスカ州に引っこしてアイディタロッドに挑む準備に取りかかり、子犬を訓練するのと交換で犬のオーナーからレースに出場できるハスキー犬を譲り受けました。彼女は1978年のアイディタロッドで19位に入賞しました――女性が賞金が出る順位に入ったのはこれが初めてでした。▼スーザンはアイディタロッドに出るたび新たな困難に直面しました。1982年のレースでは、彼女は木に衝突し、雪嵐で身動きがとれなくなりましたが、それでも2位になりました。1984年には、そりの下で凍った川が崩れて溺れかけましたが、犬たちが彼女を引っぱりあげて事なきを得ました。ふたたび彼女は2位でした。1985年、スーザンは怒ったムース（ヘラジカ）を斧で撃退せねばなりませんでした。ムースは2匹の犬を殺し、13匹を負傷させ、彼女はレースを棄権しました。この年、別の女性、リビー・リドルスが初の女性アイディタロッド優勝者となりました。こうした敗北を経験したにもかかわらず、スーザンは自らを鼓舞し続けました。▼1986年、スーザンはついにアイディタロッドに初優勝し、それまでの最速記録も更新しました。彼女は続く2年も優勝し、3年連続でアイディタロッド史上最速優勝者となりました。1990年、彼女はふたたび競争相手たちより何時間も早くゴールして新たな速度記録を打ち立てました。11日1時間53分23秒です。▼スーザンは男性も女性もともに競うスポーツにおける超一流アスリートとなりました。彼女は白血病により51歳で亡くなりましたが、犬ぞりに大きな影響を与えた人物として記憶されています。

彼女と同じくドッグマッシャーだった夫とともにトレイル・ブレーカー・ケンネルを立ちあげた

アイディタロッドは19世紀および20世紀前半の鉱山町の供給路をもとにしたレースである

"史上最強の女"（1955-）
ベヴ・フランシス
重量挙げ選手、ボディビルダー

1987年のIFBB
プロフェッショナル・
ボディ
ビルディング
世界選手権で
優勝

1976年に
メルボルン
大学で
体育学の
学位を取得

その筋肉ゆえに
しばしば
変人扱い
されたが、
彼女は他人の
意見を気にせず
自分の
やりたいことを
貫いた

ベヴァリー・フランシスは1955年、オーストラリアに生まれました。彼女は幼い頃から強さにあこがれ、筋肉に魅せられていました。一般に女性は弱くて小さいものと思われている世界にあって、彼女は強く、大きく、自立した存在になりたいと願いました。10代のベヴは砲丸投げを楽しみ、1974年には本格的なウェイト・トレーニングをはじめました。▼ボディビルディングには猛烈な鍛錬と集中力が必要です。単に重いものを持ちあげるだけではなく、肉体をいかに作り変えるかが重要なのです。女性が筋肉を維持するのは男性の倍たいへんなので、ベヴは他の誰よりも熱心に厳しいトレーニングに取り組みました。その甲斐あって彼女は無敵となり、1980年から1985年、6度にわたって世界重量挙げ選手権で優勝を飾りました。この間、彼女は女性として初めて300ポンド（約136kg）のベンチプレスに成功するなど、40をこえる重量挙げの世界記録を破りました。▼ベヴの強さは否定しようがありませんでしたが、国際ボディビル連盟（IFBB）ミズ・オリンピア競技会は強さ以外の要素も重視していました。ボディビルディング競技では主に筋肉の左右対称性とかたちが評価されますが、女性については「女らしい美しさ」も審査の対象になっていたのです。ベヴは1983年に映画『パンピン・アイアンⅡ』に出演した際、また1986年にミズ・オリンピアに10位入賞した際にも、女子ボディビルディングも筋肉を評価の主軸にするべきかどうかの議論を引き起こしました。彼女は1987年、88年、89年に3位につき、1990年に2位になりました。▼ベヴが1991年のミズ・オリンピアのステージにあがった時、観衆は息をのみ拍手喝采しました。彼女の体つきはたいていのミドル級男性ボディビルダーを打ち負かせるほどの仕上がりでした。彼女はあらゆるカテゴリーでリードしていましたが、それでも1点差で2位に終わりました。優勝をのがしたにもかかわらず、彼女は世界一、史上最高に筋骨隆々の女性として有名になりました。彼女はふたたび、女性の強さをいかに評価するかについての考え方を変える力となったのです。▼ベヴは競技を引退し、ニューヨークでパワーハウス・ジムの経営に乗り出しました。彼女は他の女性たちがもっと強くなれるよう指導し、励ましを与え続けています。　※1ポンドはおよそ0.45kg。

1977年から
1982年のあいだ
（1980年を除く）、
砲丸投げ選手として
陸上の
オーストラリア
代表チーム入り
していた

彼女の
最高記録には、
スクワット
500ポンド、
ベンチプレス
335ポンド、
デッドリフト
501ポンドがある

映画
『パンピン・
アイアンⅡ』
撮影中に
未来の夫と
出会った

若くして歴史をぬりかえた体操選手（1961-）

ナディア・コマネチ

体操選手

1976年のオリンピックでのナディア・コマネチの演技はまさに完璧でした。この14歳の少女は段違い平行棒の演技を気品をもってやすやすと披露し10点満点を出しました。当時こんな偉業はとても達成不可能だと思われていたので、採点掲示板ではこの数字が表示できませんでした。ナディアはオリンピックにおいてさらに6度にわたって完璧な演技を見せ、7つの10点満点をもって歴史に名を残しました。▼ナディアは1961年、ルーマニアの小さな町で生まれました。ルーマニアは当時ソビエト連邦の勢力下にあり、政府にとって国家の威信はたいへん重要でした。彼女は6歳の時に体操の訓練をはじめ、その費用はすべて国によってまかなわれていました。彼女は名コーチ、カーロイ・ベーラが運営する寄宿学校で厳しいトレーニングに励みました。▼1975年、彼女は史上最年少でチャンピオンズオール・トーナメントに出場しました。この年、彼女はヨーロッパ選手権で金メダルを4個と銀メダルを1個獲得しました。1976年のオリンピックでは完璧な体操演技を世界に見せ、段違い平行棒、平均台、個人総合で金メダルを獲得しました。彼女は団体でも、総合で銀メダル、床運動で銅メダルを取りました。ナディアは「社会主義労働英雄」勲章の栄誉とともにルーマニアに帰国しました。彼女は1977年にヨーロッパ選手権のタイトルを防衛し、1980年のモスクワオリンピックではさらに2個の金メダルと2個の銀メダルを取りました。▼ナディアはセレブリティだったにもかかわらず、ルーマニアで彼女が受けた待遇はちっとも華やかではありませんでした。1981年、カーロイ・ベーラがアメリカ合衆国に亡命すると、政府はナディアも亡命するのではないかと怖れて、彼女が旅行するのを制限し、警官に彼女のあとをつけさせていました。ナディアいわく、「自分が囚われ人のように感じられてきました。実のところ、私はずっとそうだったのです」。彼女は1984年に体操競技を引退し、1989年にルーマニアから歩いて森をぬけてハンガリーにのがれました。彼女はニューヨークに向かい、亡命者として受け入れられました。▼現在ナディアは、チャリティの資金調達をおこなったり、次世代の体操選手のための学校の設立に力を注いだり、体操仲間だった夫のバート・コナーと一緒にさまざまな事業を営んでいます。

6歳の時に学校で腕立て側転をしている姿に目をとめられ、国を代表する体操選手になるよう育てられた

フロー・ハイマン賞の受賞者

バート・コナー体操アカデミーおよびバート＆ナディア・スポーツ・エクスペリエンスの運営にたずさわる

現在でもオリンピックでの最多10点満点記録を保持している

全国ジュニア大会で初優勝したのは9歳の時

2度にわたってオリンピックオーダーを授与されているただひとりの人物

七種競技のファーストレディ（1962-）
ジャッキー・ジョイナー・カーシー

七種競技選手

ジャッキーことジャクリーン・ジョイナーは1962年に生まれ、イリノイ州イーストセントルイスで育ちました。働き口がとぼしく、ジャッキーの家族はしばしば食べものを買うお金にも困っていました。しかし彼女の両親は子どもたちが面倒に巻きこまれることのないよう守り、教育を大事にしていました。放課後、ジャッキーは地元の公民館でバスケットボールとバレーボールをプレーし、それから陸上競技に出会いました。▼彼女は高校で陸上選手だったのに加え、州大会で優勝するバスケットボールの花形選手でもありました。ジャッキーはすばらしい成績で卒業し、バスケットボール奨学生としてカリフォルニア大学ロサンゼルス校（UCLA）に進学しました。大学で彼女はバスケットボールだけでなく陸上もやりたいと願っていましたが、監督たちはいい顔をしませんでした。決意を固めたジャッキーはひとりで走り幅跳びを練習し、そのうち陸上部の監督ボブ・カーシーが彼女の情熱に気づきました。ジャッキーはボブと七種競技のトレーニングに励みました。2日間で100mハードル、走り高跳び、砲丸投げ、200m走、走り幅跳び、やり投げ、800m走をおこなう混成競技です。▼1981年、ジャッキーは母親を亡くし、またはげしい運動から引き起こされた喘息の発作に苦しむようになりました。彼女はこの悲しみと健康上の問題を抱えながらトレーニングを続け、NCAA選手権と全米選手権の七種競技で優勝しました。しかし1984年のオリンピックでは、彼女は走り幅跳びで良い成績を残せませんでした。彼女は銀メダルを獲得し、次は金メダルを勝ち取ろうと決意しました。▼1986年のグッドウィル・ゲームズで、ジャッキーは七種競技の世界記録を更新しました。彼女は7148点を出し、史上初の7000点ごえを達成しました。彼女は1988年のオリンピックに出場し、七種競技と走り幅跳びで金メダルを獲得しました。7291点を出してふたたび自身の世界記録を破ったのに加え、走り幅跳びの7.4mはオリンピック新記録となりました。ジャッキーは1992年に金メダルと銅メダル、1996年に銅メダルとオリンピックのメダルを取り続け、華麗な成績を残しました。▼ジャッキーは18年にわたる選手生活のすえに引退し、今では史上最高のアスリートのひとりとして認められています。

ジェシー・オーエンス記念メダルを2度にわたって授与された

コーチのボブ・カーシーと1986年に結婚

彼女の兄も1984年のオリンピックで金メダルを獲得

七種競技で1987年に、走り幅跳びで87年、91年、93年に世界選手権の金メダルを獲得

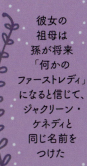

彼女の祖母は孫が将来「何かのファーストレディ」になると信じて、ジャクリーン・ケネディと同じ名前をつけた

世界最高の騎手になるために (1963-)
ジュリー・クローン

騎手

モンマスパーク競馬場にて1日で6レースに勝ちを収めた

獲得した賞金の総額は9000万ドル以上

1993年、女性騎手として史上初のブリーダーズカップ優勝

1999年にいったん引退したものの復帰し、さらに多くの勝利を収めた。2004年に完全引退

ジュリアン・ルイーズ・クローンは歩けるようになる前から馬に乗っていました。彼女は1963年に生まれ、ミシガン州の農場で育ちました。彼女は馬の調教師として有名だった母親から乗馬を習いました。5歳の時、ジュリーは青年馬術ショーで最高の栄誉の印ブルーリボンを授与されました。それは彼女にとって最初の勝利でした。10代になったジュリーは、将来は偉大な騎手になると胸に誓っていました。15歳の時、彼女は年齢をごまかしてケンタッキー・ダービーの開催地チャーチルダウンズ競馬場の調教師補佐の仕事につきました。2年後、彼女はタンパベイダウンズ競馬場で騎手デビューを飾り、同年に初勝利を収めました。▼1968年以降、競馬界には女性騎手も存在してはいましたが、それでもジュリーは信じがたい性差別に直面しました。彼女は騎手としてエージェントを探すのに苦労し、競馬ファンたちは性差別的な罵りを彼女にあびせました。彼女は、自分と女性騎手の仲間たちがもっと一般大衆から尊敬されるようになるには、さらに格の高いレースで勝たなければならないとわかっていました。1987年には、彼女はモンマスパークとメドーランズで開催されるレースのほとんどで勝利を収め、一流競馬場でタイトルを獲得した初の女性となりました。1991年、彼女はニューヨークで、男女混合騎手ランキングの3位になりました。▼1993年には、彼女は女性騎手として初めてベルモントステークス優勝をなしとげました。誉れ高いトリプルクラウンのひとつです。これはすばらしい勝利でしたが、同年、ジュリーは選手人生の絶頂期にあって、レース中に衝突事故で落馬し死にかけました。防護用胸あてが彼女の命を救いましたが、回復までにおよそ1年かかりました。1995年に彼女はふたたび落馬し両手を骨折しました。しかし、そのわずか2年後にはレースに復帰し、新記録を出しました。▼1999年、彼女は女性初の3500勝を達成しました。現在までに3704勝を数えています。ジュリーはさらに勝ち続け、2000年には女性として初めて全米競馬殿堂博物館に入りました。2003年、彼女は女性で初めてブリーダーズカップに勝ちました。彼女のすばらしいキャリアは、どんなに難しくても夢を追うよう女性騎手たちを励まし続けています。

身長4フィート10インチ（およそ147センチ）で騎手としても小柄だった

ベルモントステークスでは彼女の愛馬コロニアルアフェアーに騎乗

1995年に自伝『生涯乗馬』を出版

強く前向きな心で勝利をつかんだ（1964-）
ボニー・ブレア

スピードスケート選手

スタンド席で応援する彼女の友達と家族は「ブレア・バンチ」とあだ名された

ボニー・キャスリーン・ブレアは自分がいつからアイススケートをしていたのか覚えていません。彼女は1964年、ニューヨークの熱烈なスケート好きの家族のもとに生まれました。ボニーはまだ2歳にもならないうちからスケートリンクに連れ出され、4歳になる頃にはもうスピードスケートを滑っていました。家族はイリノイ州に引っこし、ボニーは7歳の時に初めて州大会で優勝しました。▼身長およそ165cm、体重およそ59kgのボニーは、スピードスケート選手としては小柄だと考えられていました。勝利のためには自分を信じる心と技術が必要でした。1984年、彼女は初めてオリンピックへの出場資格を得ましたが、トレーニングや旅行のための費用がありませんでした。ボニーは故郷の町で活動資金の寄付を呼びかけ、7000ドルが集められました。ボニーはさらに3回のオリンピックに出場し、友達と家族はいつも会場まで応援に駆けつけました。▼1984年のオリンピックでメダルを取れなかったボニーは、いっそうの努力を重ね、強くなるためにウェイトトレーニングを増やしました。1988年のカルガリーオリンピックでは、ボニーは500m39.10秒の世界新記録を出して初めての金メダルを獲得し、1000mで銅メダルを取りました。▼1992年の冬季オリンピックでは、ボニーは500mと1000mの2つの金メダルを取りました。彼女は1994年の冬季オリンピックでもふたたび同じ結果を出しました（わずか2年後だったのは、この年から夏季オリンピックと冬季オリンピックが同じ年でなく交互に開催されるようになったため）。同じ2つの種目で金メダルを取っただけでなく、1000mでも史上最大の差をつけて勝利しました。ファンは大興奮し、彼女は冬季オリンピック史上メダル獲得数最多アメリカ人選手となりました！▼彼女は1994年に500m38.99秒の新記録を出し、「スピードスケートの39秒の壁」を破ってふたたび歴史的偉業をなしとげました。翌年、彼女は自己最高記録を更新し38.69秒の世界新記録を出しました。▼ずっと自らの前向きな性格と周りの人々に支えられてきたボニーは31歳で引退し、スケート界の伝説となりました。彼女は現在ボニー・ブレア慈善基金を運営し、アメリカ各地を回ってスケートの指導と講演活動をおこなっています。

彼女の最後のレースは1000mで、1分18.05秒の全米記録を出した

1992年アメリカ最高のアマチュア・アスリートとしてジェームズ・E・サリバン賞を受賞した

彼女が生まれたという報せは、父親ときょうだいたちがスケートリンクで滑っていたところに場内アナウンスで伝えられた

オリンピックの金メダルを5個獲得した初のアメリカ人女性

レフェリーの仕事を心から楽しむ（1964-）
ヴァイオレット・パーマー
レフェリー

ヴァイオレット・リネース・パーマーは、1964年に生まれ、ロサンゼルスの南の町コンプトンで育ちました。高校バスケットボールでの活躍によって、カリフォルニア州立工科大学ポモナ校の全額支給奨学金を獲得し、そこで2度にわたってNCAAディビジョンIIに優勝しました。夏のあいだ彼女は男子の試合の得点記録係とレフェリー代理を務め、バスケットボール審判のおもしろさを初めて味わいました。▼まもなく彼女はNCAA女子ディビジョンIの試合で審判を務めるようになり、そこで高く評価され、テレビ放映される重要な試合をすべて担当するようになりました。1995年、全米プロバスケットボール協会（NBA）は彼女をレフェリー研修プログラムの仕事に招きました。男子の試合は荒っぽすぎるし、言葉も乱暴すぎるので、女性審判の手には負えないのではないかと多くの人が心配しました。試合のペースは速く、はげしく、けんかも発生します。審判はもめごとの現場にいなければならず、選手にルールを厳守させるかたわらで、外れたパンチや肘鉄を顔にくらったりすることもしばしばです。▼ヴァイオレットはNBAのオープン戦とエキシビジョンマッチから審判をはじめました。2年後、彼女は昇進し、1997年には女性として初めてNBAのシーズン中の公式試合でレフェリーを務めました。「私はドアを蹴っただけじゃない――蹴り倒したのです」と彼女は当時を振り返っています。▼NBAの監督、選手、レポーター、他の審判などの中にはヴァイオレットが失敗するのを待っている人々も少なくありませんでした。試合解説者たちの中には彼女に「女子試合の監督に戻れ！」だとか「台所に戻れ！」だとか言う者もいました。ヴァイオレットは彼らを無視し、選手たちとともに走り、すぐにけんかを収めて、コート上で存在感を発揮し続けました。▼2006年、ヴァイオレットは女性として初めてNBAプレイオフの試合を審判しました。一流中の一流だけが手掛けることができる仕事です。彼女はさらに2009年のNBAファイナルと2014年のNBAオールスターゲームで審判を務め、18シーズン勤務したすえ、2016年に引退しました。引退する時には、彼女は同時代の審判や選手たちの中でも特に尊敬を集める存在になっていました。彼女は後進の女性たちが一流の人気スポーツで審判を務める道を切り拓いたのです。

ディー・カントナーも1997年、ヴァイオレットと同時にNBA初の女性レフェリーとなり、一緒に働いた

5度にわたってNCAA女子ファイナルフォー（準決勝・決勝戦）の審判を務めた

長くつきあっていたガールフレンドと2014年に結婚

高校および大学ではポイントガードだった

試合中に肩を脱臼したが休憩を入れず試合終了まで片手だけで審判を続けた

65

報酬とメディア統計

人口の半分が女性であるにもかかわらず、女性のプロスポーツの試合がメディアに取りあげられる機会は、男性の試合よりもずっと少ないのが現状です。彼女たちは世界記録を更新し、わくわくさせる熱い試合をしているにもかかわらず、女子スポーツは男子スポーツにくらべるとまったくテレビで放送されたり応援されたりしていないのです。これは女性のチーム、リーグ、またアスリート個人に与えられる機会やお金が少ないことに結びついています。

テレビ放送
アメリカ合衆国の KCBS、KNBC、KABC チャンネルにおけるスポーツ放送

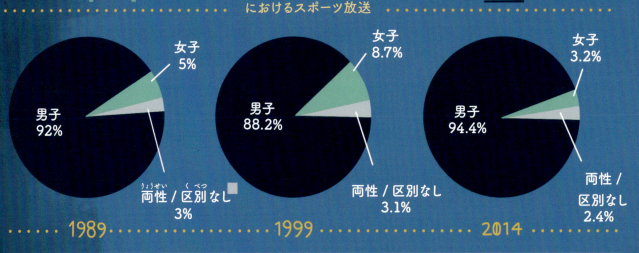

ESPN 放送 2014

※ ESPN はスポーツ専門のケーブルテレビおよび衛星放送チャンネル

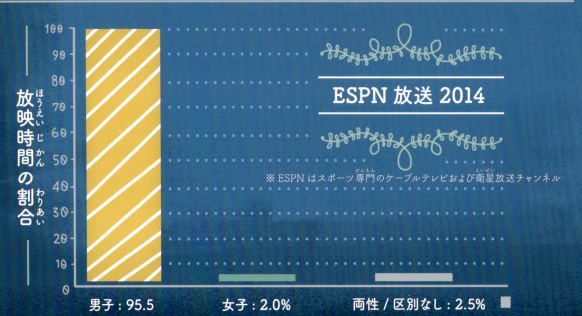

男子：95.5　　女子：2.0%　　両性／区別なし：2.5%

賃金格差

女性は男性と同じ労働をしても男性より低い賃金しか支払われないという悪しき慣習が世界中に残っており、プロスポーツの世界もその例外ではありません。以下はスポーツにおける賃金格差のいくつかの例です。

ゴルフ / サッカー

賞金総額
3億
2000万ドル

賞金総額
6160万ドル

PGA ツアー 男子 2014　　LPGA ツアー 女子 2014

2014年
ワールドカップ11位
900万ドル

2015年
ワールドカップ優勝
200万ドル

男子サッカー全米代表　　女子サッカー全米代表

バスケットボール

男子
NBA シーズン 2015-16

最低年俸
52万5093ドル

最高年俸
1640万
7000ドル

女子
WNBA シーズン 2015

最高年俸
10万9500ドル

最低年俸
3万8913ドル

ISSF（国際射撃連盟）ワールドカップ・ファイナルで
金メダルを獲得した初のインド人女性

エアライフルで ISSF 選手権のトロフィーを
獲得した唯一のインド人

2002年、10m大会で世界最高の
エアライフル射撃手に

「射撃は精神力のスポーツです」──アンジャリ・バグワット

インドの射撃の女王（1969-）
アンジャリ・バグワット

射撃選手

アンジャリ・ラマカンタ・ヴェドパタック・バグワットは1969年、インドのムンバイに生まれました。大学に進学するにあたって、アンジャリは将来よくある会社勤めをするための勉強とは違うことがしたいと思いました。彼女はキルチ大学の国立軍事教練隊（NCC）に加わって、インド最高のライフル射撃の名手になりました。▼射撃は伝統的に男性のスポーツとされていますが、アンジャリはその驚異的な技術によって、インドにおける女性射撃手のイメージを変えることになりました。NCCの射撃コーチ、サンジャイ・チャクラヴァーティが彼女の才能に気づき、特訓をはじめました。射撃には途方もない身体的および精神的鍛錬が必要です。アンジャリには強い筋肉があり、そのおかげで重さおよそ6kgの銃を何時間も抱えながら完璧な姿勢を保つことができました。アンジャリは標的のあらゆる変化に気づくこと、武器のバランス、風のスピード、自分の精神状態に意識を集中させることを学び、完璧に標的を撃てるようになりました。▼2002年、アンジャリは一流の国際競技会ふたつで歴史に名を刻みました。コモンウェルス・ゲームズと国際射撃連盟（ISSF）選手権です。アンジャリはすでに1999年と2001年のコモンウェルス・ゲームズでいくつかの金メダルを獲得していましたが、2002年、彼女は10m種目で世界一の射撃手になりました。彼女はさらに10mと50m（個人と団体）で4個の金メダルを持ち帰りました。同年、アンジャリはインド人として初めてISSFチャンピオン・オブ・チャンピオンズ大会のエアライフル複合種目で優勝しました。▼2003年、アンジャリは10mでほぼパーフェクトの399/400点を出し、インド人女性として初めてISSFワールドカップで金メダルを獲得しました。彼女はインド最高のスポーツ名誉賞、ラジヴ・ガンジー・ケール・ラトナ賞を受賞しました。最高のライフル射撃手としての彼女の偉業は確固たるものになりました。▼アンジャリは現在も週5日練習に励んでいます。彼女の成功によって、インドではたくさんの女の子たちが射撃競技をはじめました。世界は今、インドの女性たちが国際的な射撃場で容赦なく競うことを知っているのです。

2000年のアルジュナ賞をはじめインドで多数の賞を受賞

「インドの射撃の女王」とあだ名された

柔道の稽古をしている

心と体の健康を保って試合にのぞむためにヨガをしている

インドのテレビ番組『変革する女性たち』に出演

ラジヴ・ガンジー・ケール・ラトナ賞

2000年、2004年、2008年の3度にわたってオリンピックのインド代表に選出された

2016年リオ・パラリンピックのカナダ代表選手団の団長

車いす陸上競技のパラリンピック世界記録を5つ保持

パラリンピックで合計21個のメダルを獲得

「スピードと筋肉で獲得するメダルがあれば、アスリートとして、頭脳と心とガッツで獲得するメダルもあります」

——シャンタル・プチクレール

体と心をきたえて勝利を目指す(1969-)
シャンタル・プチクレール

車いす陸上競技選手

2004年
オリンピックの
車いす
陸上競技
デモンストレーション
で800m走
に勝利

オリンピック、
パラリンピック、
コモンウェルス・
ゲームズ
3大会の
カナダ代表団で
先頭についたのは
彼女だけ

ウィ！
(はい！)

彼女の
第一言語は
フランス語

カナダ勲章と
ケベック
騎士勲章を
授与された

カナダの
ウォーク・
オブ・フェイムには
彼女の名前が
刻まれた星が
ある

シャンタル・プチクレールは1969年、カナダのケベックに生まれました。彼女は13歳の時、事故にあって両脚が不自由になってしまいました。しかしシャンタルはスポーツを諦めませんでした。彼女はカナダ最高のアスリートになってみせると決意しました。▼シャンタルは体力作りのために水泳をはじめました。車いす陸上競技のコーチ、ピエール・パメルーとの出会いが彼女の人生を変えました。ピエールは彼女に可能性を見出し、シャンタルはもしチャンスさえ与えられたら自分は車いす最速の女性になれると確信していました。▼車いす陸上競技には短距離走やマラソンなど、一般の陸上競技と同じ種目があります。競技用車いすは細長くて車高が低く、手押し車に似ています。この競技にはものすごい上半身の強さが必要です。シャンタルはトップになるために、ウェイトトレーニングをふくむ厳格なトレーニングのスケジュールを組みました。▼彼女は1992年、22歳の時にバルセロナでパラリンピックに初出場しました。彼女は200mと800mで銅メダルを獲得しました。これははじまりにすぎませんでした。彼女はスピードをあげるためにトレーニングを続けました。1996年、彼女はアトランタでのパラリンピックから5個のメダルを持ち帰りました。そのうち2個は金メダルでした。シャンタルは有力選手として知られるようになりました。▼シャンタルは2000年、2004年、2008年のパラリンピックに出場し、生涯合計で21個、金14個、銀5個、銅2個のパラリンピックメダルを獲得しました。また彼女は100、200、400、800、1500m種目のパラリンピック新記録を出しました。▼2008年、彼女はルー・マーシュ・トロフィーを授与され、『ザ・カナディアン・プレス』の「今年のアスリート」に選ばれました。彼女は講演や教育活動に集中するため2008年の北京オリンピックを最後に選手を引退しました。▼シャンタルは現在、障害を持つ人々がスポーツや労働の場に参加できる環境を整えるために一生懸命働いています。彼女はスポーツや遊びを通じて恵まれない子どもたちを支援する慈善団体ライト・トゥ・プレーのアンバサダーを務め、2016年にはカナダの国会議員になりました。たとえ人生に大きな障害があっても、意志と鍛錬をもってすれば、強くなって夢を実現することもできるのだとシャンタルは証明しています。

アーチェリーは的と信念をつらぬく(1971-)

キム・スニョン

── アーチェリー選手 ──

1988年のソウルオリンピックは韓国の歴史において重要な出来事となりました。この年、韓国はオリンピック開催地を務めるのと同時に、長きにわたった軍事政権が終わりを迎えて議会制民主主義が成立したことを祝福していました。韓国の選手が勝つたび、新たに見出された自由の喜びが大きく広がっていくようでした。その中でもいちばん鮮烈だったのは、前代未聞のすばらしいアーチェリーの腕前を披露したキム・スニョンです。▼キム・スニョンは1971年、韓国に生まれました。彼女は9歳の時からアーチェリーに情熱を燃やしていました。16歳の時、標的距離30mの世界記録を更新しました。COQフランス〔アーチェリーワールドカップの前身〕で金メダルを取り、オリンピック代表チームにも入りました。1988年のオリンピックのアーチェリー個人競技では、選手は1ラウンドごとに標的からの距離を変えて矢を射る決まりになっていました。キム・スニョンは標的距離30mで9本の矢すべてを標的の中心10ポイントエリアにあて、パーフェクトスコアを出しました。それから彼女は50mと70mを合計344点の驚くべき高得点で終えました。チームメイトと一緒に挑んだ団体戦で、キム・スニョンは2個めの金メダルを取り、彼女自身と韓国にとっての大勝利を収めました。▼1992年のオリンピックでキム・スニョンは圧勝を期待されていましたが、友達でチームメイトのチョ・ユンチョンに敗れ、喜んで銀メダルを受け取りました。そして団体戦で彼女にとって3個めの金メダルを獲得しました。▼キム・スニョンは21歳にして史上最高の女性アーチェリー選手とみなされていました。彼女は引退して子育てに集中しようと考えましたが、そう長いあいだ弓矢の魅力に抗っていることはできませんでした。1999年、彼女はカムバックを果たし、2000年のオリンピックへの出場資格を得ました。彼女はふたたび団体で金メダル、個人で銅メダルを持ち帰りました。▼現在キム・スニョンは家族の面倒を見ながら、ときどき世界各国のアーチェリーチームの指導をしています。彼女の活躍は女子アーチェリーのレベルを引きあげました。彼女は1988年に韓国で開催された歴史的オリンピックを制した韓国代表の一員として、これからもずっと忘れられることがないでしょう。

1988年のオリンピックで韓国のアーチェリー女子代表チームはあらゆるメダルを獲得した

彼女のコーチは彼女を「マムシ」と呼んだ

2009年のアーチェリー世界選手権大会ではメディア・ディレクターとして働いた

1989年と1991年のアーチェリー世界選手権では個人でも団体でも金メダルを受賞

1992年オリンピックで韓国代表チームが総得点4094点の世界記録を出すのに貢献した

73

ハンディキャップに負けず氷の舞台へ (1971-)
クリスティ・ヤマグチ
フィギュアスケート選手

1992年の
オリンピック
では曲に
「マラゲーニャ」を
使用

1992年の
オリンピックで、
ドロシー・ハミルは
演技を
控えた
クリスティに
幸運を
祈りました！

全米フィギュアスケート
殿堂および
世界フィギュアスケート
殿堂入り

クリスティ・ヤマグチがオリンピックでアメリカ合衆国代表選手になるずっと前のこと、彼女の祖父は第二次世界大戦でアメリカのために戦ったにもかかわらず、日系アメリカ人強制収容所に抑留されてしまい、クリスティの母親はそこで生まれました。自分の家族が過去にこのような国家による不正の被害を受けていたにもかかわらず、クリスティは世界のステージで彼女が生まれ育った国を代表し、アジア系アメリカ人史上初のオリンピック金メダルを勝ち取りました。▼クリスティ・ツヤ・ヤマグチは1971年にカリフォルニア州で生まれました。彼女は内反足と呼ばれる足が内側に曲がっている状態で生まれたため、幼い頃は矯正用の靴とギプスを着用しなければなりませんでした。ドロシー・ハミルにあこがれたクリスティがスケートを習いたいと言った時、母親は足を鍛えるのにいいだろうと考えました。何年にもわたって練習を重ね、クリスティは国際大会に出場できるまでになりました。▼彼女は1985年の全米選手権から新しいペアのパートナー、ルディ・ガリンドと組んで、1986年、1989年、1990年に全国優勝を果たしました。クリスティとルディは1989年と1990年の世界選手権で5位に終わり、以後クリスティはシングルスに集中しました。彼女は1991年の世界選手権で芸術構成点6.0の満点を出し金メダルを獲得しました。全国大会では何年も2位止まりでしたが、1992年にはついに金メダルを獲得し、オリンピックへの初出場が叶いました。▼クリスティは観衆と審査員たちに感嘆の声をあげさせ、オリンピックの金メダルを手にしました。新聞は、彼女の演技はあまりに美しく「スケートでメロディが書かれているようだ」と報じました。この年、彼女は世界選手権でも2度目の優勝を果たし、アメリカ人として1976年のドロシー・ハミル以来初のスケート「三冠」を達成しました。▼スケート界での成功は、世界のために慈善事業をする基盤を彼女にもたらしました。1996年にオールウェイズ・ドリームファウンデーションを設立し、地域への働きかけと奨学金によって、恵まれない子どもたちが読み書き能力を身につけ、夢を追うのを支援しています。スケートによって世界の人々を元気づけたクリスティは、現在でも慈善活動を通してそれを続けているのです。

フィギュア
スケートの
「三冠」とは、
同年の
全国選手権、
世界選手権、
オリンピックを
制覇
すること

彼女の
お気に入りの
おもちゃは
ドロシー・ハミル
人形でした！

テレビ番組
『スターズ・オン・アイス』に出演

女性サーファーの地位向上にも貢献（1972-）
レイン・ビーチリー
サーファー

ワールドツアーで29回にわたって勝利した

人々を励ます講演をしながら世界を旅している

1972年、オーストラリアに生まれたレイン・コレット・ビーチリーは、生後6週間で養子に出されました。母親はレインが6歳の時に亡くなり、彼女は8歳の時に自分が養子だったことを知りました。このことが将来は何かで世界一になろうというやる気に火をつけたとレインは考えています。その何かとはサーフィンで、彼女は歴史上誰よりも長期間にわたってサーフィンの世界にチャンピオンとして君臨しました。▼10代の頃、レインはプロのサーファーたちと仲良くなり、彼らから学べることをすべて学びました。その甲斐あって、彼女は16歳の時にはプロのサーファーとして世界プロサーフィン連盟（ASP）の女子ワールドツアーに参加していました。彼女は自分に厳しく、常に最高中の最高になろうと努力していました。▼1993年、彼女はサーフィンのプロ大会に初優勝しました。しかし同年、慢性疲労症候群と診断されてしまいました。レインはずっとうつ病と闘ってきました。しかし彼女は必要な助けを得て、病気を自覚し、自分を大事にすることによって人生の暗い瞬間に打ち勝ち、大好きなサーフィンと勝利を楽しむことができました。▼レインは世界中の波に乗り、1998年のASP女子世界選手権から2003年まで6年連続で世界選手権に優勝しました。サーフィンの世界でこんなに連続して勝ち続けた人は、性別を問わず彼女の他には誰もいません。2003年と2004年、彼女は雑誌『サーファー』で「今年の女性サーファー」に選ばれました。栄誉はどんどん積み重ねられてゆき、2006年には7回目の世界選手権優勝を果たし、サーフィン史上最多勝利を収めた女性となりました。▼2008年、彼女は選手を引退しました。サーフィン・オーストラリアの委員長を務めている彼女は、このスポーツの運営に大きな影響力を与えている数少ない女子チャンピオンのひとりです。彼女は現在、サーフィンの女子大会の資金を確保するために働き、女子プロサーファーに男子と同一の賃金が支払われるよう闘っています。彼女は芸術、ビジネス、科学、スポーツの分野で奨学金を与えて少女たちを支援する慈善団体エイム・フォー・ザ・スターズを設立しました。彼女はすべての女の子たちが大きな夢を抱いて自分の目標を達成するのを手助けしたいと願っているのです。

1995年にはプロのサーファーとして活動しながら4つの仕事を掛け持ちして生計を立てた

オーストラリア勲章を授与された

15年にわたって世界プロサーフィン連盟の役員を務めた

世界選手権の試合中に転倒して腰椎が砕けたがそれでも1等を取った

全米を熱狂させたサッカー選手（1972-）

ミア・ハム

サッカー選手

ミアと家族がサッカーに出会ったのは、父親がイタリアに駐在していた時だった

ESPY賞を3度受賞

2004年、女子・男子を問わず史上初の国際試合での通算158ゴールを達成

「ミア」ことマリエル・マーガレット・ハムは1972年、アラバマ州で生まれテキサス州で育ちました。ミアは15歳の時、史上最年少でサッカー女子アメリカ合衆国代表チームに選出されました。17歳でノースキャロライナ大学に進学し、1989年、1990年、1992年、1993年のNCAA選手権でチームを優勝に導きました。1991年は女子ワールドカップ出場のため大学を1年間休学しました。▼1996年、ミアはアメリカ代表の一員としてオリンピックに出場しました。同じ年、16歳の頃から再生不良性貧血をわずらっていた兄ギャレットが余命いくばくもないと診断され、悲しいことに翌年に亡くなってしまいました。彼女は彼に敬意を表してミア・ハム・ファウンデーションを設立し、女子スポーツと骨髄移植手術が必要な人々のための資金調達をおこなっています。▼ミアは女子サッカーの限界を押し広げ続けました。1999年、彼女は国際試合での108ゴールを達成し、男子および女子サッカーにおける世界記録を打ち立てました。しかしフィールドで勝利したからといって、スポーツ運営組織の女性を見る目がすぐに公平になるわけではありませんでした。国際サッカーを統括する団体FIFAは、1999年の女子ワールドカップの際、比較的小さな会場のみで試合を開催しようとしました。ワールドカップ組織委員会のマーラ・メッシング委員長はこれをよしとしませんでした。彼女は女子チームの試合を男子と同じように大きなスタジアムで開催するようFIFAに要求しました。試合のたびにスタジアムはファンでいっぱいになりました。▼女子ワールドカップの決勝戦、アメリカ対中国を観ようと9万人以上の観衆がローズボウル・スタジアムにつめかけました。延長戦30分が過ぎてペナルティーキックが与えられ、ミアはボールに意識を集中させて得点を決めました！次にブランディ・チャスティンがシュートを成功させてチームは優勝。これをきっかけにたくさんの少女たちがサッカーをはじめました。▼2001年、ミア・ハムはアメリカ合衆国初の女子サッカーリーグ、アメリカ女子サッカーリーグの設立に協力しました。同一賃金と機会均等は今もなおあらゆるスポーツの女性にとって大きな問題です。ふたりの娘たちのことを胸に、ミアはスポーツにおける男女平等のために闘い続けています。

1994年および1998年、アメリカで「今年の女子選手」に

生まれつき足の一部に異常があった

政治学の学位を持っている

ルージュをさして戦いにのぞんだ（1972-）
リサ・レスリー
バスケットボール選手

リサ・デショーン・レスリーは1972年に生まれ、カリフォルニア州ガーデナでシングルマザーに育てられました。リサの母親は、自分のように18輪トラックの運転や溶接などのきつい仕事をしている場合でも、強いことと女性であることは両立できるのだと娘に示しました。▼リサは中学でバスケットボールをはじめました。その頃すでに身長およそ183cmと背が高かったのに加えて才能があり、1試合の前半だけで101点を入れた時には新聞記事になりました。リサは人生の目標をふたつ定めました。スポーツ奨学金を獲得して大学に行くことと、オリンピックに出場することです。▼リサは高校バスケットボールのスター選手になって大学のスカウトの目にとまり、1990年に全額支給の奨学金でサザンカリフォルニア大学に進学しました。大学スポーツから与えられる機会は男子と女子で異なります。男子はNBAにスカウトされますが、当時、女子のプロリーグWNBAはまだ存在していませんでした。リサは学業を第一に、オリンピックに出場するという夢に向かって努力しました。▼1996年、彼女はオリンピックのアメリカ合衆国代表チームに入り、金メダルを取りました。同じ年、NBAは女子リーグを承認し、WNBAが設立されました。1997年、WNBAの最初の試合で、リサはロサンゼルス・スパークスのセンターを務めました。2001年までにはおよそ250万人がWNBAの試合を観戦していました。2002年、リサは女性選手としてプロ試合初のダンクシュートを決め、観衆を大興奮させました。▼スパークスに所属した12年間で、リサは3度にわたって最高殊勲選手（MVP）となり、2度のチーム優勝に貢献し、6200点以上を得点しました。オリンピック代表チームでは2000年、2004年、2008年に金メダルを取り、オリンピックメダル獲得数史上最多バスケットボール選手のひとりとなりました。▼2009年、リサはスパークスを引退しました。彼女は自分がコートの中でも外でもパワフルな女性だと世界に示したいと思いました。彼女は経営学の修士号を取り、2011年にスパークスのオーナーになりました。リサは現在でも史上最高のバスケットボール選手のひとりとみなされる、世界中の女の子たちの力強いロールモデルなのです。

8回にわたって
WNBA
オールスターに
選出された

女性的であるのと
同時に
強くあることが
できると
世界に示すため、
試合の前には
いつも
口紅を塗って
髪を整えた

身長195.58cm

WNBAで
はじめてキャリア
通算得点
6000点を
達成した選手

彼女の著書の
題名は
『口紅に
惑わされる
なかれ』

1994年、
大学4年生の時に
全国最優秀選手に
選ばれた

スポーツを愛する女の子たちのあこがれ（1972-）

マノン・レオーム

アイスホッケー選手（ゴールキーパー）

NHLの慈善試合に出場

自伝『ネットの前でひとり』を執筆

彼女の父親は娘がホッケー用の防具とパッドを組み立てるのを手伝った

マノン・レオームはカナダのナショナル・ホッケー・リーグ（NHL）の試合に出場した初の女性選手です。ホッケーのパックは彼女に向かって時速100マイルで唸りをあげます。彼女はあのゴールを守る名人で、体のあざはその証明です。マノンは1972年、ケベックに生まれました。カナダの子どもたちの多くと同じく、彼女はとても幼い頃からホッケーをはじめました。父親は家の裏庭に水を張ってスケートリンクを手作りし、6歳のマノンは兄のチームのゴールキーパーを務めました。まもなく彼女は学校で男子のチームに加わってプレーするようになりました。▼高校を卒業すると、マノンは女性として初めてアイスホッケーのマイナーリーグ、男子ジュニアAのチームに参加しました。彼女は優秀で手強いゴールキーパーでした。ある時、試合中にパックが彼女の顔を直撃し、防御マスクを粉々にして目の上の切り傷から血が流れました。彼女は氷上を離れず、笛が吹かれるまでゴールを守ってから傷の縫合手術を受けました。▼20歳の時、マノンは新しいNHLチーム、タンパ・ベイ・ライトニングのトレーニングキャンプに参加するよう招かれました。彼女は自分の能力を証明する心構えができており、男子選手たちも手加減しませんでした。女性ゴールキーパーから点を奪えないことを恥ずかしがって、彼女に向かってパックを乱暴に放り投げる選手もいました。マノンは上手にプレーし、チームの中に居場所ができました。1992年、彼女は女子選手として初めてNHLに参加しました。▼マノンは女子ホッケー世界選手権でカナダ代表のゴールキーパーも務め、1992年および1994年にはチームの金メダル獲得に貢献しました。1992年から1997年、彼女はアトランタ・ナイツ、タラハシー・タイガーシャークス、リノ・レネゲイズなどのさまざまなプロホッケーチームでプレーを続けました。1998年、彼女はふたたびオリンピックのカナダ代表に入り銀メダルを獲得しました。▼マノンはスケート企業ミッション・ホッケーで働き、2008年にはスポーツ奨学金で少女たちを助けるマノン・レオーム・ファウンデーションを設立しました。彼女が氷上で頑張る姿を見て、世界のあちこちの女の子たちが自分もホッケーをやってみたいと思ったのです。

ローラーホッケーもプロとしてプレーした

ふたりの息子もホッケーをプレーするのが好き

彼女が最初に参加した有名ジュニアチームはトロワリヴィエール・ドラヴュル

8年間も世界ランキング1位に君臨(1973-)

鄧亞萍（デン・ヤピン）

卓球選手

鄧亞萍は1973年、中国の河南省に生まれました。彼女は5歳の時に卓球をはじめました。まもなく地元のジュニア大会で勝ちはじめ、13歳の時には全国大会で優勝していました。優れた技術があったにもかかわらず、身長およそ150cmと小柄だったことを理由にスポーツ界は鄧亞萍を軽視しており、彼女は中国代表チームから外されてしまいました。しかし、彼女は光の速さの敏捷さで試合に勝ち続け、1988年、反対派も彼女を中国代表の一員として認めざるを得なくなりました。彼女は1989年にダブルスの世界チャンピオンになり、1991年にシングルスの世界チャンピオンになりました。▼1992年のオリンピックで、鄧亞萍はダブルスとシングルス両方の金メダルを獲得しました。シングルスの試合は、彼女のダブルスのパートナーでもある喬紅との大接戦でした。両者ともにものすごく上手でしたが、鄧亞萍が23-21で勝利しました。▼1995年および1997年には、鄧亞萍はふたたびシングルスとダブルスの世界チャンピオンになりました。1996年、彼女はさらに2個のオリンピック金メダルを獲得しました。ひとつはダブルス、もうひとつはシングルスです。歴史上、男女を問わず、彼女ほどたくさんの世界タイトルを獲得した卓球選手は他にいません。彼女はいつも、強さこそが成功への鍵だったと言っていました。▼1997年、24歳の鄧亞萍は史上最多タイトルを手に引退を決めました。同じ年、国際オリンピック委員会（IOC）アスリート委員に選出されました。彼女はのちに、2008年の北京オリンピックの実現に助力しました。競技生活から離れた彼女にとっての最優先事項は学問になりました。彼女は中国とヨーロッパで学び、清華大学で学士号、ノッティンガム大学で修士号、ケンブリッジ大学で博士号を取りました。▼鄧亞萍は、どんな体格をしていようとすばらしい強さと技術を身につけることができると証明しました。彼女は中国と世界に、才能と意志こそがチャンピオンになるための真の条件だと示したのです。

「私の剣は私がまだ6歳ぐらいの幼い頃からずっと私とともにあり、私たちは感情を、失望を、メダルを、不運を、そして喜びと怒り両方の涙を分かちあってきました」——ヴァレンティーナ・ヴェッツァーリ

喜びも悲しみも剣とともに（1974-）
ヴァレンティーナ・ヴェッツァーリ
フェンシング選手

マリア・ヴァレンティーナ・ヴェッツァーリは1974年、イタリアのイェージに生まれました。彼女は6歳の時に、地元のフェンシング教室に通いはじめました。フェンシングの剣には、フルーレ、エペ、サーブルの3種類があります。ヴァレンティーナが使ったのはフルーレで、相手の胴体を刃先で突くことで得点が入ります。彼女は10歳の時に全国大会のジュニア部門で初優勝しました。▼ヴァレンティーナはただ勝つだけでは満足しませんでした——彼女は一流の中の一流になりたかったのです。彼女は勝つたびにすぐ新たな目標を定めました。1996年、ヴァレンティーナはオリンピックに初出場し2個のメダルを獲得しました。団体戦で金メダル、個人戦で銀メダルです。これだけで満足する人もいるでしょうが、彼女は違いました。さらに高い目標を設定し、世界最高のフェンシング選手になるべく努力しました。▼1999年、ヴァレンティーナはフェンシング世界選手権で初めて個人優勝を飾りました。翌年のオリンピックで、彼女は個人と団体の両方の種目で金メダルを取るという夢を叶えました。2004年のオリンピックでは、彼女はふたたび個人種目で金メダルを手にしました。2008年のオリンピックは彼女が母親となってから初めて出場した大会で、個人で金メダル、団体で銅メダルを獲得し、母親でいることとスポーツ選手として活躍することは両立できるのだと世界に示しました。▼最高の選手になりたいと願ったヴァレンティーナのメダル獲得数は伝説的です。彼女はオリンピック3大会連続で金メダルを取った唯一のフェンシング選手です。2012年のロンドンオリンピックで、ヴァレンティーナはふたたび銅メダル1個と金メダル1個を取り、メダル獲得数史上最多の女性フェンシング選手になりました。加えて彼女は他の国際大会でもすごい数の勝利を収めました。▼ヴァレンティーナはキャリアを通じて、世界の飢餓を撲滅するための「ラン・フォー・フード」キャンペーンや「ワンビリオンハングリー」プロジェクトをはじめとする数多くの慈善活動にたずさわってきました。ヴァレンティーナは政治の領域でスポーツを擁護する声になりたいと願い、2013年にはイタリア国民議会の議員に選出されました。彼女はフェンシング界の伝説になり、2016年に競技から引退しました。

フェンシングは19世紀に決闘の練習から生まれたスポーツ

私は敵に敬意を払います！

あらゆる政治家はもっとスポーツマンシップを持つべきだと考えている

彼女は第二次世界大戦中に捕虜収容所でフェンシングを習得したエンゾ・トリコリから教えを受けた

戦いの前には歌を口ずさんだり父親に祈ったりした

2009年、青年・国連世界同盟の大使に

単独航海の経験から循環経済の必要性を説く（1976-）
エレン・マッカーサー
長距離ヨットウーマン

子どもの頃は航海についての本が大好きだった

1995年、「今年の若きヨット乗り」賞を受賞

シスコ、BT、ルノー、フィリップスといった大企業が循環経済の指針を導入するのに影響を与えた

彼女の父親は娘に食べられる草木の探し方を教えた

エレン・マッカーサー・キャンサー・トラストを設立し、がんをわずらった子どもたちにセーリング体験の機会を提供している

10代の頃からデヴィッド・キング海上技術学校で働いた

エレン・パトリシア・マッカーサーは1976年、イングランドに生まれました。彼女は4歳の時に初めてヨットに乗りました。8歳の時にはすでに自分のヨットを手に入れるための貯金をはじめていました。エレンの両親はいつも彼女に外に出て冒険を探す自由と援助を与えていました。彼女が世界の危険な海域に出帆すると決めた時にもです。18歳の時には、エレンはヨット航海士の資格を取得していました。この年、彼女はグレートブリテン島の周りをひとりで航海しました。1996年、彼女はカナダからフランスへと大西洋を横断するレースに出場し、3位になりました。これだけでも十分に立派ですが、エレンは海上最速になりたいと願いました。▼エレンの目標はノンストップ単独世界一周航海でフランシス・ジョワイヨンによる72日22時間54分22秒の世界記録を破ることでした。ひとりでの航海は時にものすごく危険ですが、エレンは自分の限界に挑戦することを怖れませんでした。2004年、彼女はイングランドから出帆し、区間記録を破りはじめました。赤道へ、喜望峰へ、オーストラリアのルーイン岬へ。航海はずっと順調だったわけではありません。彼女はジェネレーターを交換する際に腕にひどい火傷を負い、赤道を通過したあと世界記録に4日の遅れが出はじめました。しかし、エレンは努力と意志によって、71日14時間18分33秒でゴールし世界記録を更新しました。エレンは海上最速になったのです！▼エレンは2009年にセーリングを引退し、慈善事業に力を入れるようになりました。2010年、彼女はエレン・マッカーサー・ファウンデーションを設立し、結局ゴミになってしまう新しい製品を作る代わりにリサイクルと再利用（リユース）をすすめる「循環経済」の振興活動をおこなっています。必要最低限のものを利用し、さらに再利用することに生き残りがかかっている海の上での経験がこの活動につながりました。彼女は現在、自分がボートの上で採用していたのと同じ行動指針をグローバル経済にも適用するよう企業に呼びかけています。単独世界一周航海の最速記録はのちに破られましたが、彼女は障壁を打ち破り、現在はより持続可能な未来のために闘っているのです。

世界一周したエレンのヨット
およそ23m
マルチハル艇

大きな影響を与えたチーム

アスリートたちはひとつのチームとしてたくさんの観衆の目に触れ、新たな高みに達することができます。以下は歴史を変えてきた驚くべき女子チームの例です。

ブルーマー・ガールズ、1866年

アメリカ合衆国の女性たちは、1866年には早くもブルーマー・ガールズと呼ばれるチームで野球をプレーしていました。彼女たちは1890年代に人気者になりました。チームは男女混成で、たいてい1人か2人だけ男性選手がいました。彼女たちは全国各地を旅して回り、現地の男子野球チームと対戦していました。こうした19世紀からの「地方巡業」硬式野球チームが、1943年の全米女子ソフトボールプロリーグの設立につながり、今日のたくさんの女子チームを先導したのです。

テネシー州立大学 タイガーベルズ、1950〜60年代

教育改正法第9編（タイトルIX）の20年前、しかも資金援助のほぼない状態から、「タイガーベルズ」は最高の陸上選手を何人も輩出しました。1950年代から70年代はじめまで、テネシー州立大学は後に全米陸上競技殿堂に入ることになる人々の練習場でした。このチームにはチャンドラ・チーズボロー、ウィルマ・ルドルフ、ワイオミア・タイアスなど、陸上競技の世界で大きな影響力を持つ選手たちがいました。エドワード・テンプル監督は、彼女たちの才能を伸ばしました。彼の指導により、タイガーベルズのランナーたち40人がオリンピック選手になりました。タイガーベルズは期待されていなかったにもかかわらず、女性の持てる力を世界に証明してみせたのです。

サッカー日本代表チーム

「なでしこジャパン」ことサッカー日本代表チームは、サッカーが男性のスポーツだと考えられていた時代を乗り越えてきました。2011年のFIFAワールドカップでは、激戦のすえ、強豪アメリカチームに勝利しました。これは、男女を通じてアジアでは初の大会優勝という、歴史的快挙でした。

それに加えて、チームはフェアプレー賞を、澤穂希選手は大会最優秀選手賞と大会得点王を受賞しました。

同じ年の3月、日本では東日本大震災が発生し、地震と津波、そして原発事故によって、東北地方を中心に甚大な被害が出ていました。代表メンバーの中には、合宿中だったため本人は無事だったものの、二度と自分の家に帰れなくなってしまった選手もいました。しかし、彼女たちは困難に負けず勝利し、日本のファンに明るいニュースを運び、勇気づけました。大会中、なでしこジャパンは、試合後に横断幕を掲げて、震災にたいする世界からの支援に感謝の気持ちを伝えました。

なでしこジャパンは、チームのビジョンに「女性が輝く社会への貢献」を掲げ、進化し続けています。

オリンピック難民選手団、2016年

2016年のオリンピックには史上初の難民選手団が出場しました。このチームの10人は全員が故郷の国で命の危険にさらされ、外国に逃れていました。市民権が与えられていない状態だったこれらのアスリートたちは、オリンピックの旗のもとで競技に参加しました。

南スーダンの内戦から逃れてきたアンジェリーナ・ナダイ・ロハリスとローズ・ナティケ・ロコニエンは、オリンピックで陸上選手として競いました。柔道選手のヨランデ・ブカサ・マビカもチームの一員でした。ヨランデは幼い頃、コンゴ民主共和国の内戦で両親から引き離されました。さらに彼女は柔道のコーチの虐待から逃れ、現在は難民としてブラジルに暮らしています。難民選手団の最後の女性はユスラ・マルディニです。シリアで育った彼女は、相次ぐ爆撃とテロリストの攻撃から家族と一緒に逃れてきました。地中海のまん中でボートのエンジンが止まった時、ユスラと姉と他の2人は凍るように冷たい海に入って、ギリシャで保護されるまで何時間にもわたってボートを押さなければなりませんでした。

これらの勇気あるアスリートたちは自らの強さを世界に示し、オリンピックは難民になってしまった人々の苦境に関心を向けさせる場となりました。

戦争で失った足でふたたび走り出した（1980-）
メリッサ・ストックウェル

パラトライアスロン選手

メリッサ・ストックウェルはイラク戦争の際に米国陸軍中尉として従軍していました。24歳の時、彼女はバグダッドで沿道の爆弾の爆発に巻きこまれました。医師たちはメリッサの命を救うために彼女の片足を切断しなければなりませんでした。▼メリッサは1980年にミシガン州で生まれました。軍人として国のために働く前、彼女はオリンピック選手として国の代表になることを夢見ていました。2005年、彼女は軍をやめました。片足だけになったメリッサは、義足での歩き方を練習し、これからの人生をどうするか考えねばなりませんでした。そのうちに彼女は、ふたたび歩き、走り、泳ぎ、自転車に乗ることができるようになりました。彼女は傷痍軍人支援プロジェクトを活用してスキーも習いました。コロラド州の雪山をスキーで滑り降りたあと、彼女は自分でもスポーツ選手としてチャンピオンになれる可能性があるのだと気づきました。▼彼女はウォルター・リード陸軍医療センターでリハビリに取り組んでいた時、パラリンピックを紹介されました。アメリカ合衆国オリンピックトレーニングセンターのコーチ、ジミ・フラワーズの助けを得て、彼女はパラリンピックの水泳チーム入りを果たし、2008年の北京パラリンピックで競いました。▼それからメリッサはパラトライアスロン競技に誘われました。これは手強い競技です。スタミナをつけるだけでなく、ランニング用の義足を外して水泳用につけかえ、それから急いで特製の自転車用義足を装着する練習もしなければいけません——これらすべてが最終的なタイムに含まれるのです。2009年、彼女は初めてオリンピックでおこなわれるのと同じ距離のパラトライアスロンを完走しました。彼女は2010年の国際トライアスロン連合（ITU）世界選手権に優勝し、2011年と2012年にもふたたび金メダルを手にしました。2016年、初めてパラリンピックの正式種目になったトライアスロンで、彼女は銅メダルを獲得し、オリンピックの表彰台に立つという夢を叶えました。▼メリッサ・ストックウェルは人生における最大の困難をチャンスに変え、かつて夢見ていた以上の偉業をなしとげました。彼女は現在もトレーニングを続け、共同設立したデアトライ・パラトライアスロン・クラブとともに、障害を持つアスリートたちに新たな機会を与えるために一生懸命働いています。

2010年および2011年、USAトライアスロンにより「今年の女性パラトライアスロン選手」に選ばれた

2008年のオリンピック閉会式ではアメリカの国旗を持って走った

義肢装具士として働いてきた

2014年、ミルドレッド・"ベイブ"・ディドリクソン・ザハリアス賞を受賞

切断手術を受けた人々を助けるチャレンジド・アスリーツ・ファウンデーションと傷痍軍人支援プロジェクトにたずさわっている

2014年に息子を出産した

姉とともに世界一有名なテニス選手のひとり (1981-)
セリーナ・ウィリアムズ
テニス選手

姉妹で大親友!

30年以上にわたって姉のヴィーナスと一緒に仲よく暮らしている

カラオケが大好き

セリーナ・ウィリアムズファウンデーションは世界中の人々が平等に教育を受ける機会に恵まれるようになることを目指して活動している

セリーナ・ジャメカ・ウィリアムズは1981年、ミシガン州に生まれました。一家はカリフォルニア州コンプトンに引っこし、そこで彼女は姉のヴィーナスと一緒にテニスを習いました。父親は娘たちが世界最高のテニス選手になることを夢見て、ふたりが4歳と5歳の頃から公営コートでテニスを教えはじめました。1990年に一家はフロリダに移り、姉妹は本格的なトレーニングをはじめました。最初の頃はヴィーナスの方が神童でありスターでした。セリーナは得意の強力な打球をまだ身につけていませんでした。セリーナはヴィーナスが大好きで、お姉さんのように強くなりたいと願いました。▼14歳の時、セリーナは初めてプロの試合に出場しました。ヴィーナスはすでにテニスのスーパースターでしたが、4年のうちにセリーナは姉に追いつき、1999年には全米オープンのシングルスで初優勝しました。2000年のオリンピックでは、ふたりはダブルスを組んで金メダルを獲得しました。さらにふたりは1999年から2001年までのグランドスラムにおけるすべてのダブルスで優勝しました。オリンピックの金メダルと合わせてキャリアゴールデンスラムと呼ばれる偉業の達成です。ウィリアムズ姉妹は国際的なスーパースターになりました。▼2003年、セリーナは世界ランキング1位になり、グランドスラムの4大会で立て続けに優勝しました。2002年の全仏オープン、ウィンブルドン、全米オープン、2003年の全豪オープンです。彼女はシングルスの頂点に立ち、同時にヴィーナスと組んでいくつもの大きなトーナメントで勝ち続けました。▼2010年、命に関わる血栓症が肺に生じるなどの健康上の問題が続いて、セリーナはコートから遠ざかることになりました。しばらく寝たきりで過ごした彼女は、スポーツ選手としての自分を一から作り直さねばなりませんでした。そして2011年、彼女はスポーツ史に残る見事なカムバックを果たしました。2012年に彼女がシングルスとダブルスの両方で獲得したオリンピックの金メダルは、彼女にとって2回目のキャリアゴールデンスラムを、こんどはシングルスでもたらしました。2013年、彼女は世界ランキング1位に返り咲きました。▼セリーナの優勝回数は今もなお増え続けています。セリーナは世界の人々を励ます闘士、ロールモデル、ファッションアイコン、慈善家なのです。

2015年、『スポーツ・イラストレイテッド』の「今年のスポーツパーソン」に

数えきれないほどたくさんのテレビ番組、映画、雑誌の表紙に登場

姉妹が初試合にのぞんだ際、ふたりの目印となるビーズを編みこんだブレードのヘアスタイルをととのえたのはお母さんだった

私は私の道を行く（1982-）
ダニカ・パトリック
レーシングドライバー

2004年、トヨタ・アトランティック・シリーズで初めて表彰台に立った女性となった

2013年、女性として初めてスプリントカップ・シリーズでポールポジションを獲得

トレーニングにヨガを取り入れている

フォーミュラカーレースは世界一危険なスポーツです。時速320kmで走ることを想像してみましょう。一瞬でも気が散ったら死にいたる衝突事故を起こしてしまいかねません。ドライバーの体には曲がるたびに重力がかかって、息を吸うことすら困難になります。運転席から動かず、足をペダルから、手をハンドルから離さないでいるために、ドライバーはあらゆる筋肉を鍛えなければなりません。▼ダニカ・スー・パトリックは1982年に生まれ、イリノイ州で育ちました。彼女は10歳でゴーカートレースをはじめてすぐに壁に激突してしまいました。彼女は動揺したものの、もうやめようとは決して思わず、ふたたびレースに挑戦しました！ 1994年、1996年、1997年、彼女は世界ゴーカートレース協会グランドナショナル選手権で優勝しました。16歳の時にスポンサーがつき、イギリスで活動することになりました。2000年、彼女はフォーミュラ・フォード・フェスティバルで2位に入りました。▼ダニカはレイホール・レターマン・レーシング・チームと契約し、2005年には有名なインディ500レースに出場しました。その30年前には、女性はこのサーキットのピットに入ることすら許されておらず、出場した女性はダニカが4人目でした。彼女は19周にわたってラップリーダーになりました。女性ドライバー史上初です。彼女は4位に入賞し、その後もインディカーレースで好成績を出し続けました。彼女は雑誌『スポーツ・イラストレイテッド』の表紙になって「今年のルーキー」賞を受賞しましたが、まだ満足していませんでした。彼女はレースに勝ちたかったのです！ 2008年、インディジャパン300にて、ダニカは最終ラップの先頭を走っていました。彼女は後ろに迫る車より5秒速くゴールしました。チェッカーフラッグがあがり、ダニカはインディカーレース史上初の女性チャンピオンになりました！ ▼2010年、ダニカはナスカーレース（NASCAR）の世界に入りました。これは彼女に子どもの頃のゴーカートレースを思い出させ、観客の数も増えました。彼女は2012年にインディカーを離れ、NASCARのストックカーレースに転向しました。ダニカは先頭を走り、記録を破り、カーレースは女の子たちのものでもあると世界に示し続けているのです。

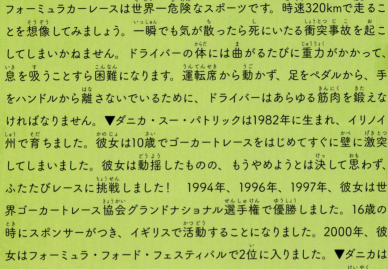

NASCARレースで緑旗が出ている時に先頭を走った初の女性
※緑旗はコースの状況に問題がなく、通常のレースが可能であることを表わす。

13本のスーパーボウル広告に出演

2005年から2007年にインディ・レーシング・リーグでいちばん人気のドライバーだった

女子ボクシングのパイオニア(1982-)
ニコラ・アダムズ
ボクサー

ニコラ・アダムズは1982年に生まれ、イングランドで育ちました。この国では女子ボクシングは116年間にわたって「間違っている」とか「淑女らしくない」とか「危険」であるとみなされてきましたが、1996年、女子ボクシング禁止令がついに撤廃されました。ボクシング界にとって幸運なことに、ちょうどこの年、ニコラ・アダムズはこのスポーツに出会って、オリンピックで最も偉大なボクサーになると決意しました！ この時点でオリンピックのボクシングはまだ女性に開かれておらず、ニコラはジムで唯一の女性でした。▼ボクシングの世界チャンピオンになるのは、肉体的にも経済的にも簡単なことではありません。スポンサーたちは彼女が女性だからという理由でニコラに興味を示しませんでした。ニコラの母親はいつも娘を応援し、真夜中まで働いて生活を支えました。ニコラ自身も各地の試合に出場するのに必要な費用をまかなうために働きました。2007年、彼女は欧州選手権で2位に入賞し、ボクシングの大きなトーナメントでメダルを獲得した初のイギリス人女性選手となりました。翌年、彼女は世界選手権でも銀メダルを手にしました。▼2009年、ニコラは重要な試合へと向かう途中、階段で転倒してしまいました。彼女は背骨にひびが入った状態で試合に出場し、勝ちました。このけがにより彼女は3ヶ月の休養を命じられ、選手生命の終わりが危ぶまれましたが、1年後にはリングに復帰し、世界選手権でふたたび銀メダルを勝ち取りました。彼女は2012年にも同じ大会で銀メダルを獲得しました。2011年には欧州連合選手権で勝利し、史上初めて女子ボクシングが正式種目になった2012年のオリンピックへの出場資格を手にしました。▼このオリンピックは、大勢の人々にとって初めて女子ボクシングの試合を観戦する機会となりました。ニコラと中国の任燦燦の闘いは激烈で、おたがいに光の速さで強く打ち合いました。ニコラは強力なパンチを繰り出し、ボクシング史上初の女性オリンピック金メダリストとなったのです！▼ニコラの影響でたくさんの女の子たちがボクシングをはじめました。彼女はもうボクシングジムでたったひとりの女性ではありません。2016年、彼女は世界選手権で優勝したのに加え、リオオリンピックでもふたたび金メダルを取って、生涯の夢をもう一度現実にしたのでした。

バイセクシャルであることを公表しており、イギリスのLGBTコミュニティのロールモデルになっている

英国ボクシング管理委員会は、女性はPMSで情緒不安定になりすぎるという誤った認識から、1998年まで女性にライセンスを与えていなかった

2015年ヨーロッパ競技大会のボクシングで勝利を収めた

イギリスのテレビドラマ何本かにエキストラ出演した

慈善団体ファイト・フォー・ピースの大使

女子クリケットの道を切り拓く（1982-）
ミザリ・ラジ
クリケット選手

女子ワンデイインターナショナルの試合で5000ランを達成した2人目のバッター

当初、親戚たちは「淑女らしくない」という理由で彼女がクリケットをするのを応援しなかった

インドの女子クリケットがもっとテレビで放映されるよう闘っている

キャリアの初期には国内リーグのチーム、ハイデラバードでプレーしていた

2003年、インド政府からアルジュナ賞を授与された

女の子たちが教育を受け、経済的に男性から自立できるようになるよう励ましている

ミザリ・ラジは1982年、インドのラージャスターンで生まれました。幼い頃の彼女は伝統的なダンスが好きでしたが、父親のすすめでクリケットをはじめました。最初のうちミザリはダンスを恋しく思ったものの、そのうちクリケットが大好きになりました。よく野球と比較されるクリケットは、中央に長さおよそ20mのピッチが位置する大きな楕円型のフィールドでプレーされます。野球で言うベースの代わりに、ピッチの両端にウィケットと呼ばれる棒が立てられています。投手はボールを投げてウィケットを倒そうとし、打者はボールをできる限り強く打ちます。ボールが打たれると、ふたりの打者は相手チームの返球でウィケットを倒される前にできる限り速く反対側へ走ります。▼ミザリは14歳の時に初めてワールドカップの控え選手になりました。1999年、彼女は初めてワンデイインターナショナル（ODI）の試合に出場し、アイルランドを相手に114ラン（得点）を入れて人々を感嘆させました。19歳の時、イングランドとの試合で記録破りの214ランを得点しました。彼女はインド最高の女性打者として活躍を続け、チームのキャプテンに任命されました。▼インドでは伝統的な性役割が現在でも多くの女性たちの人生の選択肢を狭めています。ミザリのチームメイトの多くが、ちゃんとしたスポーツ設備や家族による支援のない環境で育ってきました。自分たちの存在が世の中でもっと認められるようになるには勝つことが必要だとミザリにはわかっていました。2005年、彼女はインド代表のワールドカップ決勝進出に貢献し、そこでオーストラリアに負けてしまいました。しかし2006年にはテストシリーズ史上初優勝を飾り、アジアカップでも優勝しました。▼2012年、ミザリはワンデイバッティングのクリケット選手ランキングの1位になりました。努力の甲斐あって、2015年には女性初でクリケット情報誌出版社ウィズデン社の「今年のインドのクリケット選手」に選ばれました。同年、インド政府が民間人に与える最高の栄誉、パドマシュリ賞も受賞しました。▼ミザリは今もなおインドの女子クリケットの顔です。彼女は性の平等を目指し、スポーツで女性が活躍する機会を増やすために闘っています。彼女はインドだけでなく世界中の女性たちのロールモデルでもあるのです！

101

危険を恐れず雪上を跳ぶ (1983-)
ケリー・クラーク
スノーボーダー

2011年、女性として初めて公式試合で1080°に成功
※1080°は3回転する技

2002年および2015年にESPY賞を受賞

ケリー・クラークファウンデーションを設立し若いスノーボーダーに奨学金を給付している

ケリー・クラークは1983年に生まれ、ヴァーモント州の雪山で遊びながら育ちました。彼女は2歳の時にスキーをはじめ、7歳の時にはスノーボードでも滑っていました。彼女は自らの才能に導かれてマウント・スノー・アカデミーに進学し、高校の教育課程を修めつつトレーニングに励みました。▼スノーボードのハーフパイプ競技ではスピードが鍵になります。滑るスピードが速ければ速いほど、より高く跳び、より強烈な技を繰り出すことができます。ケリーがこの男性優位のスポーツで頭角をあらわすには、際立った速さとアンプリチュード（高さ）を出す必要がありました。彼女は怖れを捨ててより高く跳び、男性の競争相手たち以上に大きな技をやってみせました。その甲斐あって、2001年、彼女はグランプリのタイトルを初めて獲得しました。▼2002年、ケリーはXゲームズとオリンピックで金メダルを取り、グランプリのタイトルも全部手に入れてスノーボード界をゆるがしました。オリンピックでチャンピオンになるという子どもの頃の夢は叶えられました。▼次のオリンピックでケリーはタイトル防衛を期待されていました。しかし、広報・宣伝活動のための旅で彼女のトレーニング時間は削られていました。彼女は2006年のXゲームズで金メダルを取りましたが、オリンピックの準備は十分でなく、4位になりました。つらい経験でしたが、彼女はめげずに立ち直りました——彼女はふたたびオリンピックの表彰台に上ろうと、それまで以上に厳しいトレーニングに取り組んだのです。▼2010年のオリンピックでは決勝戦の1回目で転倒してしまいましたが、彼女は落ちこんだままではいませんでした。2回目以降、彼女はすばらしい技と着地で審査員たちを驚かせました——そして銅メダルを取ったのです。彼女はこのメダルについて、このために注いだ努力と鍛錬を思うと過去に金メダルを取った時より誇らしいと語りました。▼2013年、彼女はキャリア通算60勝で男女共通のスノーボードの新記録を達成しました。2014年、彼女はオリンピックの銅メダルをもう1個持ち帰りました。2002年から2016年まで、彼女はXゲームズの金メダル7個と全米オープンのタイトル8個をふくむ数多くの勝利を収めました。彼女が次に何をするのかを世界が楽しみにしています！

長野オリンピックで初めて公式種目になったスノーボード競技をビデオに録画して放課後に見た

ヴァーモント州にある故郷の町では、彼女がオリンピック金メダルを取った際に除雪車を金色に塗った

ワールド・スノーボード・ツアーで5回、USグランプリで6回タイトルを獲得

ケガにも負けず、試合に挑み続ける (1984-)

リンゼイ・ボン

アルペンスキー選手

リンゼイ・キャロライン・ボン（旧姓キルドー）は1984年にミネソタ州で生まれ、よちよち歩きの頃からスキーをはじめました。9歳で初めて国際大会に出場し、11歳の時、一家は彼女のスキーの練習のためにコロラド州に引っこしました。▼2002年、リンゼイは17歳でオリンピックに初出場し、アルペンスキー複合で6位に入りました。彼女は続いて2003年と2004年の全米選手権を2連覇しました。2006年にはふたたびオリンピックにやってきましたが、リンゼイは練習中に転倒し、ヘリで山を降ろされてしまいました。幸い骨折はしていませんでしたが、彼女は2日後の試合にはげしい痛みに苦しみながらのぞみました。彼女は8位に入賞し、出場できたことだけでも誇らしく思いました。▼2008年、20歳のリンゼイは、アルペンスキーワールドカップにおいて複合種目と滑降（ダウンヒル）のチャンピオンになりました。翌年には両方のタイトルを守り、スーパー大回転でも勝利しました。2009年、彼女は滑降とスーパー大回転で世界選手権に優勝しました。2010年のオリンピックに向けて彼女は無敵に見えました。▼しかし、オリンピックにおもむく1週間前、彼女ははげしく地面にぶつかり、すねの骨を傷めてしまいました。幸運にも出場する予定のレースが悪天候を理由に延期されたことで、治療に時間をかけることができました。山を滑り降りるあいだ、彼女は痛みを感じず、緊張もせず、ただ最善を尽くすことに集中しました。彼女は滑降で1着になり、1分44.19秒のタイムを出しました。ゴールに入った時、彼女は崩れ落ちて両腕をあげ、ついに夢を叶えたことを祝いました。彼女はスーパー大回転でも銅メダルを取りました。2010年の終わりには、3個目のクリスタルグローブを手にしていました。FISアルペンスキー・ワールドカップで総合得点が最も高い選手に贈られる優勝の証です。▼リンゼイ・ボンはアルペンスキー界に君臨し続けています。2015年、67回のワールドカップ優勝で最多勝利の新記録を打ち立て、現在では76回に増えています。彼女はクリスタルグローブを20個獲得した最初の選手です。彼女は世界最高のアルペンスキーヤーとみなされています。リンゼイは自分の筋金入りの強さを証明してきました。彼女は負傷を乗りこえて、ふたたび立ちあがるのです！

8度にわたってワールドカップのダウンヒル競技のチャンピオンになった

2014年オリンピックでは膝の負傷のため途中で棄権し、代わりにレポーターとしてニュース番組に出演した

世界選手権のメダルを6個獲得している

2010年および2011年にESPY賞の最優秀女子選手賞を受賞

リンゼイ・ボン・ファウンデーションはスポーツをする女の子たちを応援している

慈善事業のためにゴルフをしている

それでも挑戦を諦めない(1987-)
ロンダ・ラウジー
総合格闘技選手

ロンダ・ジーン・ラウジーは1987年に生まれ、カリフォルニア州で育ちました。彼女の母親はアメリカ人初の柔道世界チャンピオンで、ロンダも2008年のオリンピックで柔道の銅メダルを、2007年のパンアメリカン競技大会で金メダルを取りました。▼オリンピックのあと、彼女は柔道を休むことにしました。進むべき方向が定まらず仕事を転々として、一時は車上生活を送りすらしました。しかし彼女は自分の愛すること、すなわち闘いへと戻ってきました。こんどは総合格闘技（MMA ミクスト・マーシャル・アーツ）です。彼女はグレンデール・ファイティングクラブでトレーニングを開始しました。当初クラブのオーナー、エドモンド・タヴァーディアンは乗り気ではありませんでしたが、ロンダの否定しがたい技術を見て彼女のコーチを務めることに決めました。▼当時、プロの女子MMAの舞台はそれほど大きくありませんでした。人々は女性たちがすごく獰猛に闘い、骨を折り、お互いの顔を殴り合うのを見慣れていませんでした。MMAファンの多くは、金網に近づいていい女性はビキニ姿のラウンドガールだけと思っていました。女子格闘技選手は最大のMMA団体UFCよりも小さなプロ団体、ストライクフォースで闘っていました。ジーナ・カラノやジュリー・ケッジーのような先駆者たちがテレビ放映されはじめた女子の試合で自らの強さを証明し、道を拓きました。▼2011年、ロンダはアマチュアで無敵となりストライクフォースでプロになりました。ロンダはプロとして4試合に勝ったあと、チャンピオンのミーシャ・テートに挑戦し、2012年にストライクフォースの新チャンピオンになりました。それから彼女はサラ・カウフマンを相手にタイトルを防衛。同年、主にロンダの闘いぶりを理由に、UFCは女子の部を設立しました。ロンダは史上初のUFC女子バンタム級チャンピオンとしてMMAのスーパースターになりました。彼女の試合はたいてい1分以内に終了しました。最短は16秒です。▼今日までに彼女はMMAの試合で12連勝しています。彼女は2015年にプロとして初めて敗北し、UFCタイトルを失いました。男性中心の職業において頂点に立ち、自分が性別に関係なく史上最強の闘士のひとりであることを証明してみせたロンダは、女性たちのロールモデルになっているのです。

アームバー
（腕ひしぎ十字固め）
が彼女の
得意技

柔道で
オリンピックの
メダルを獲得した
初のアメリカ人
女性

彼女の
回顧録の題名は
『私の闘い／
あなたの闘い』

映画
『ワイルド・スピード
SKY MISSION』と
『エクスペンダブルズ3
ワールドミッション』
に出演

ニックネームは
"ラウディ"
（乱暴者）

静けさのなかでバイクを走らせる (1990-)
アシュリー・フィオレク

モトクロスライダー

アシュリー・フィオレクは1990年、ミシガン州に生まれました。アシュリーが高度難聴と診断されると、両親は手話を習い、聴覚障害者の人々の輪に加わりました。彼らはアシュリーの耳が聞こえないことを彼女の個性として受け入れました。父親と祖父がモトクロスライダーだったアシュリーは、7歳の時に初めてモトクロスのレースに出場しました。彼女には生まれついての才能がありました。▼モトクロスライダーは一般にエンジン音に耳を澄ませてギアをどこで変えるか判断します。アシュリーは聴覚以外の感覚を頼れるようになりました。レーストラックを見わたして影から競争相手のいどころを把握したり、バイクのたてる音の代わりに振動の変化に応じてギアを変えたりするのです。最初、他のライダーの親たちは、同じトラックに聴覚障害者のライダーがいたら自分の子どもが危険にさらされるのではないかと心配しましたが、勝利を収めるアシュリーの走りをいったん目にすると考えを改めました。彼女は17歳でプロになり、ホンダ・レッドブル・レーシングと契約しました。彼女は2009年と2010年のXゲームズで金メダルを取り、2011年には3回にわたって女子モトクロス協会（WMA）選手権大会で優勝しました。▼アシュリーの目標は男子のモトクロスレースで競うことでした。しかし、その機会が巡ってくる前にWMAの状況が変わってきました。2011年にモトクロスのテレビ放送がはじまりましたが、男子プロのレースしか取りあげられませんでした。女子のレースは広く知られないままで、試合も日が暮れはじめて観客たちが家に帰ろうとする時間帯におこなわれました。スポンサーは興味を示さず、モトクロスの統括団体MXスポーツは女子プロ部門を廃止し、アマチュア部門のみにしようとしました。アシュリーはこうした状況にうんざりでした。女性が公正な扱いを受けていないと感じた彼女は、2012年のWMA選手権に勝ったあとモトクロスレースの世界を去りました。アシュリーはスタントウーマンとしてバイクに乗り続け、全国各地を旅して自分の人生の物語を伝えています。女性レーサーにも男性レーサーと同じ尊厳と機会が与えられるようになれば、彼女はふたたびレースに戻ってくるでしょう。

父親が彼女のコーチだった

マーベル・ユニヴァース・ライブツアーに出演した

観衆やバイクが立てる騒音を耳にすることなくトラックを走る彼女は、禅のような心の平穏を感じている

鎖骨を骨折した状態でWMAチャンピオンシップに優勝した

アシュリーは「バイクと一体化」しているように感じ、エンジンの振動から判断して自然にギアを変える

コロンビアを代表するアスリート(1991-)
マリアナ・パホン
BMX自転車選手

BMXの女王、BMXの盗賊、ダートコースの女王とあだ名された

2012年オリンピックのパレードでコロンビアの旗手を務めた

マリアナ・パホン・ロンドーニョは1991年に生まれ、コロンビアのメデジンで育ちました。父親と兄がバイシクルモトクロス（BMX）レーサーだったこともあり、マリアナは4歳で自転車に乗りはじめ、9歳の時からレースに出場するようになりました。彼女はたいていレースで唯一の女の子で、他の男の子たちを全員打ち負かしていました。彼女が世界チャンピオンになるまでそう長くはかかりませんでした。▼BMXはスピードの速いエクストリームスポーツです。ライダーたちは急な坂道に放たれ、たくさんの障害物やジャンプをふくむ未舗装のトラックを走ります。ライダーは自分の脚の力を最大限に引き出すために、レースのほとんどを立ち乗りの状態で走ります。また、BMXはコンタクトスポーツでもあり、衝突事故や骨折も珍しくありません。▼BMXのチャンピオンを目指して、マリアナは陸上の短距離走者がするように脚に力をつけようと1日最長8時間も練習しました。2008年、彼女は16歳で初の世界タイトルを取得しました。彼女は翌年ふたたびジュニア世界選手権に勝ち、2010年と2011年には世界選手権で優勝しました。彼女は2010年の中南米競技大会と2011年にメキシコで開催されたパンアメリカン競技大会で金メダルを取りました。マリアナはBMXライダー世界ランキングのトップになり、20歳で彼女の生涯の目標だったオリンピックに出場しました。▼レースで競い合う8名の選手たちは、最初と最後の部分では自分のレーンを走らなければなりません。マリアナはオリンピックの決勝レースで、決して得意ではない第4レーンを走っていました。しかし彼女は、ただ最善を尽くしてオリンピックを楽しもうと決めました。彼女はゲートが開かれる前、奇妙な静けさが心を満たすのを感じました。先頭を走る彼女は、ジャンプを完璧に成功させなければなりませんでした。誰も彼女に追いつけず、マリアナはゴールして金メダルを取りました！マリアナは自分の国への誇りと生涯の夢を達成した喜びで胸がいっぱいになりました。▼2012年の勝利のあともマリアナはBMX界に君臨し続け、2013年から2016年までBMX世界選手権で金メダルを取り続けました。彼女は2016年のオリンピックでもまた金メダルを取りました。彼女はまさしくBMXの女王なのです！

マリアナ・パホン サイクリング場

彼女にちなんで名づけられたBMXサイクリング施設がある

子どもの頃はオリンピックの体操選手になりたかった

オリンピックで金メダルを獲得した史上2人目のコロンビア人

コロンビアは彼女を2011年の最優秀女子スポーツ選手に選出した

世界記録を次々にぬりかえた（1997-）
ケイティ・レデッキー
競泳選手

「ローピング」
または
「ギディアップストローク」
と呼ばれる
テクニックを
使って泳ぐ

雑誌『タイム』
が選ぶ
「2016年、世界で
最も影響力のある
100人」の
最年少

2013年から
2015年、
ゴールデン・
ゴーグル賞の
最優秀
女子選手賞を
獲得

自身を
「スプリンターの
精神を持った
長距離競泳選手」
だと語る

彼女の
母親は
ニューメキシコ大学の
水泳選手だった

大きな
国際競技会で
20個以上の
メダルを
獲得している

ケイティことキャスリーン・ジュヌヴィエーヴ・レデッキーは1997年、ワシントンD.C.で生まれました。母親はよちよち歩きのケイティに泳ぎ方を教え、彼女は6歳で初めて競泳チームに参加しました。そこで彼女はノートに「ほしいタイム」を記録して目標を設定しはじめました。彼女は自分がタイムを縮めたのを記録し、新しい挑戦に立ち向かうのを楽しみました。ケイティはどんどん成長して厳しい練習をこなし、強い意欲、明るい人柄、プールでのスピードで知られるようになりました。▼彼女のがんばりは報われました。ケイティは15歳でオリンピック選考会に出場し、2012年のアメリカ合衆国代表チームに入ったのです。彼女の新しい目標はオリンピックの金メダルになりました。ケイティは800mのアメリカ新記録を出し、初の金メダルを獲得しました。彼女は大旋風を巻き起こしました！▼ケイティの勢いは止まりませんでした。2013年には世界選手権で4個の金メダルを取り、2014年にはパンパシフィック水泳世界選手権で出場した5種目すべての金メダルを取りました。800mリレー、200m、400m、800m、そして最もはげしく厳しい1500mです。2015年の世界選手権でも、彼女は同じ種目で金メダルを5個獲得しました。これらの種目のどれであろうと、こんなふうに金メダルをかっさらっていったアスリートは彼女の他にはいません。しばらくのあいだ、彼女は自らの記録すら破って世界新記録を更新し続けました。▼2016年のオリンピックでは、彼女は出場したあらゆる種目でメダルを取って世界に衝撃を与えました。彼女は自由形の400mと800m両方の世界新記録を出し、金メダルを勝ち取りました。200m自由形と4×200mリレーでも金メダルを取り、4×100mリレーでは銀メダルを取りました。▼ケイティはまだ短い選手生活ですでに伝説になっています。ケイティは長いあいだ水から離れているのが好きではありません。彼女は自分自身の世界記録を破り、自己ベストを更新するために、次の目標に向かって練習に励んでいることでしょう。

世界記録！

新技も編み出した若き体操界の女王(1997-)
シモーネ・バイルズ
体操選手

シモーネ・バイルズは自分自身を宙へと放つために全速力で走ります。まずロンダート（ひねりを加えた側転）、そのまま後ろとび、それから両脚をまっすぐ揃えて宙返りを2回。彼女は空中をなめらかに動き、ぎりぎりのところで1/2ひねりを入れてしっかり着地します。この一連の動きは「バイルズ」と呼ばれており、史上最高の体操選手である彼女にちなんで名づけられました。

▼シモーネ・アリアン・バイルズは1997年、オハイオ州に生まれ、まだ幼い頃にテキサス州で祖父母と一緒に暮らすようになりました。まもなく祖父母はシモーネと妹を養子にして彼女たちのお母さんとお父さんになりました。シモーネは子どもの頃、いつも家じゅう跳び回って、側転や宙返りをしていました。彼女は6歳の時、ジムでの校外学習で初めて体操をやってみました。コーチはすぐに彼女の才能に気づき、トレーニングがはじまりました。▼2013年、彼女は世界体操競技選手権で初めて金メダルを取りました。彼女は2014年と2015年にタイトルを防衛し、世界選手権の個人総合に3年連続で優勝した史上初の女性選手となりました。そして彼女は2016年のオリンピックのアメリカ合衆国代表チームに入りました。世間からの期待は大きく、彼女はそれを決して裏切りませんでした。▼オリンピックでの彼女の床運動の演技には、「バイルズ」の他にも伸身宙返り1回ひねりや2回抱えこみ宙返り2回ひねりなどの難しい動きがふくまれていました。彼女は演技中に、複雑で力強い動きの組み合わせを4回やってみせました——ほとんどの体操選手は1回か2回だけです。演技が終わる頃には、脚を酷使して感覚が失われていることもしばしばでしたが、それでもシモーネは満面の笑みを浮かべていました。▼彼女は2016年のオリンピックで超人的に完璧な演技を見せ、一躍有名になりました。彼女は跳馬、床運動、個人総合、団体総合で金メダルを取りました。彼女は平均台でも銅メダルを取り、アメリカ人女性体操選手が1回のオリンピック大会で獲得したメダル数の最多タイ記録を達成しました。シモーネは宙を舞いながら人生最高の時を謳歌しており、何百万人ものファンたちが彼女が次に何を見せてくれるのかを楽しみにしているのです！

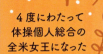
4度にわたって体操個人総合の全米女王になった

「バイルズ」は彼女にちなんで名づけられた技 競技会でこれに成功したのは彼女が初めてだったからだ

世界記録ひとつと世界選手権金メダル14個を保持

身長およそ142cm

大会のあとはいつもピザを食べます！

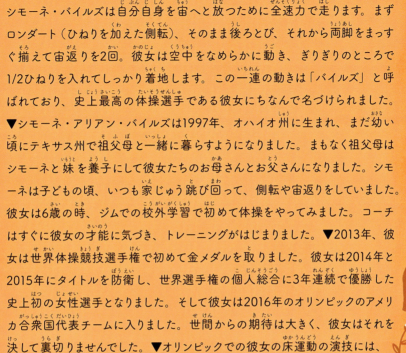
コーチのエイミー・ブーアマンはシモーネが8歳の頃から彼女を指導しており、第2の母のような存在だ

まだまだいる
日本の女性アスリートたち

樋口久子
1945-

男女を通じてアジア出身選手初、日本人女性では現在までただ一人の全米プロゴルフ選手権優勝者。

井村雅代
1950-

「日本のシンクロ界の母」と呼ばれる指導者。選手引退後7年間は体育教師と指導者を両立。多くのメダリストを育てた。

山口 香
1964-

日本女性初の世界柔道選手権金メダリスト。現在は指導者・スポーツ組織役員として女性の地位向上に貢献。

伊達公子
1970-

日本人女子最多勝利記録を持つプロテニス選手。26歳で引退後、37歳で現役復帰し国際大会で活躍。若い世代に刺激を与えた。

土田和歌子
1974-

車いすスピードスケートと陸上競技の選手。日本で初めて、夏・冬両方のパラリンピックで金メダルを獲得した。

澤穂希
1978-

日本が初優勝した2011年サッカー・ワールドカップで得点王・MVPを獲得、その年の最優秀選手に選ばれた。

人見絹枝
1907-1931
1928年、800m走で銀メダルを獲得し、日本女性初のオリンピック・メダリストとなった。

斉藤澄子
1913-1942
世界で初めて騎手免許を取得した女性。しかし、性別を理由に、試合に出場できないまま引退した。

前畑秀子
1914-1995
1936年オリンピックの200m平泳ぎで優勝し、日本人女性で初めて金メダルを勝ち取った。

中田久美
1965-
15歳で全日本代表に選ばれたバレー選手。名セッターと呼ばれてオリンピックを3度経験し、現在は女子日本代表監督。

有森裕子
1966-
人見絹枝以来のメダルを日本女子陸上にもたらし、プロランナー第1号にもなった。社会貢献で国際的に活動中。

伊藤みどり
1969-
世界初の3回転アクセルなど数々の技術革新をもたらし、日本人初の世界フィギュアスケート殿堂入りを果たした。

上野由岐子
1982-
女子ソフトボールの日本代表投手。2008年オリンピックでは3試合に連続登板し、優勝に貢献した。

小平奈緒
1986-
日本女子スピードスケート初のオリンピック金メダリスト。500m平地37秒の壁を女性で初めて破った。

高梨沙羅
1996-
男女平等をめざして正式種目となった女子スキージャンプを世界で牽引。男女を通じてのワールドカップ歴代最多勝利記録をぬりかえた。

おわりに

これまで歴史を通じて、女性たちはスポーツの分野において自分たちに価値があると証明するために、より高く跳び、より速く走り、より激しく闘わなければなりませんでした。女性たちは世界の人口の半分を占めており、ひとりひとりがそれぞれの祝福されるべき技術と強さを持っています。しかし少女と女性たちは昔から、女は弱く、体に関して気にかけるべき要素は美しさだけなのだと言われ続けてきました。この本のアスリートたちはそうしたステレオタイプを打倒して、女性はか弱い存在ではないということを示しました。実際、彼女は決して諦めない猛烈な競争者なのです。

これらの女性たちは途方もない困難に直面しましたが、それぞれの世界新記録や強さを通じて、女性に何ができるのかを世界に示しました。彼女たちは、厳しい鍛錬と汗をかくこと、そして偉業のために奮闘することほど「女らしい」ことはないと証明しました。その偉業によって、これらのアスリートたちは世界中の少女と女性たちのリーダーに、そしてロールモデルになりました。彼女たちは、女性の体は生まれつき弱いものだという神話が解体されるのを助け、フィールドの中でも外でも、自立して自分の興味を追求するよう世界中の女の子たちを励ましています。

ですから、あなたも自分に尋ねてみてください。私は次にどんなことで勝つ？ 私は何のチャンピオンになる？ いつも何かに一生懸命取り組み、がんばり続けて、大きな夢を胸に抱くことを決して怖れないでください。なぜならあなたは強いのだから。

感謝のことば

　まずはスポーツへの情熱を追求してきた勇敢な女性たちに感謝を捧げます。最高のアスリートになるために自らの限界まで奮闘してきた彼女たちは、現在も奮闘し続けています。彼女たちの頑張りのおかげで、女性の体は弱いという神話が誤りであることが証明されたのです。

　フィールドで、プールで、コートで、その他にもいろいろな場所で全力を尽くしているすべての女の子たちに大きなありがとうを。あなたたちがどんな新記録を出し、どんな偉業で衝撃を与え、世界を変えていくのか、すごく楽しみにしています。

　テン・スピード・プレスのすばらしいチームに感謝します。あらゆる空間と時間における最高の編集者キャトリン・ケッチャム、才能あふれる素敵な広報担当者ダニエル・ワイキー、文字組みの魔術師でデザイナーのタチアナ・パヴロワとリジー・アレン。あなたたちの才能と奮闘のおかげで、この本が出版されました。どうもありがとうございます。そして私を支えてくれているすばらしいエージェントのモニカ・オドム、どうもありがとう！

　私の両親と、「インドア派」の姉を持つ人生に耐えてきた野球好きの弟アダム・イグノトフスキーにもお礼を言いたいと思います。すばらしい提案とファクトチェックへの協力、深夜の散歩につきあってくれたアディティア・ヴォレティにも大きな感謝を。幾度ものハッピーアワーにすばらしい提案をしてくれたローレン・ヘイルにありがとう。そして私が夜遅くに絵を描いているあいだ食事を用意して支えてくれた夫、トーマス・メイソン4世に大きな愛と感謝を。彼は自転車の乗り方も教えてくれました。

著者(ちょしゃ)について

レイチェル・イグノトフスキーは『ニューヨーク・タイムズ』ベストセラーに選(えら)ばれた作家(さっか)兼(けん)イラストレーター。世界(せかい)のすばらしい女性(じょせい)たちの物語(ものがたり)を分(わ)かち合(あ)う仕事(しごと)を誇(ほこ)りに思(おも)っている。彼女(かのじょ)の初(はつ)の著作(ちょさく)『世界(せかい)を変(か)えた50人(にん)の女性科学者(じょせいかがくしゃ)たち』は、子(こ)どもと大人(おとな)の両方(りょうほう)に、革新的(かくしんてき)な女性科学者たちについて学(まな)ぶよう促(うなが)した。『歴史(れきし)を変えた50人の女性アスリートたち』では、自(みずか)らの情熱(じょうねつ)を追求(ついきゅう)するために闘(たたか)い、女性の体(からだ)に何(なに)ができるのかについて世(よ)の中(なか)の認識(にんしき)を変えた果敢(かかん)なアスリートたちのことをみんなに知(し)ってほしいと願(ねが)っている。

レイチェルはニュージャージー州(しゅう)でまんがとおやつを健康的(けんこうてき)に摂取(せっしゅ)しつつ育(そだ)ち、2011年(ねん)、タイラー美術(びじゅつ)学校のグラフィックデザイン科(か)を優秀(ゆうしゅう)な成績(せいせき)で卒業(そつぎょう)した。現在(げんざい)はミズーリ州カンザスシティで一日中(いちにちじゅう)絵(え)を描(か)いたり、文章(ぶんしょう)を書(か)いたり、できるだけ学(まな)んだりしながら暮(く)らしている。レイチェルの作品(さくひん)は歴史と科学からインスピレーションを得(え)ている。彼女はイラストレーションが学びをおもしろくさせる強力(きょうりょく)なツールであると信(しん)じており、密度(みつど)の高(たか)い情報(じょうほう)を取(と)りこみ、それを楽(たの)しく親(した)しみやすく表現(ひょうげん)することに情熱を燃(も)やしている。

レイチェルについてのさらに詳(くわ)しい情報は、公式(こうしき)サイトを参照(さんしょう)のこと。

www.rachelignotofskydesign.com

©Rachel Ignotofsky

121

参考資料(さんこうしりょう)

この本のための調査(ちょうさ)はとても楽(たの)しいものでした。私(わたし)はあらゆる種類(しゅるい)の情報源(じょうほうげん)を利用(りよう)しました。新聞(しんぶん)、インタビュー、講義(こうぎ)、本(ほん)、映画(えいが)、そしてインターネットも！ 新(あたら)しい報道(ほうどう)や追悼記事(ついとうきじ)は、これらの驚(おどろ)くべき女性(じょせい)たちについて学(まな)ぶにあたっての鍵(かぎ)になりました。もしあなたがこれらの女性たちのことをもっと知(し)りたくなったら（もちろん知りたいはず！）、以下(いか)の参考資料(さんこうしりょう)の一部(いちぶ)がよい出発点(しゅっぱつてん)になるでしょう。この本で取(と)りあげられた女性に関(かん)するもっと詳細(しょうさい)な情報源(じょうほうげん)のリストは、こちらをどうぞ。

www.rachelignotofskydesign.com/women-in-sports-resources

本(ほん)

-Bryant, Jill. *Women Athletes Who Changed the World (Great Women of Achievement)*. New York: Rosen Pub., 2012.

-Dixon, Joan. *Trailblazing Sports Heroes: Exceptional Personalities and Outstanding Achievements in Canadian Sport*. Canmore, AL: Altitude Pub. Canada, 2003.

-Garg, Chitra. *Indian Champions: Profiles of Famous Indian Sportspersons*. Kashmere Gate, Delhi: Rajpal & Sons, 2010.

-Hasday, Judy L. *Extraordinary Women Athletes (Extraordinary People)*. New York: Children's Press, 2000.

-McDougall, Chros. *Girls Play to Win Figure Skating*. Chicago: Norwood House Press, 2011.

-Rappoport, Ken. *Ladies First: Women Athletes Who Made a Difference*. Atlanta: Peachtree, 2005.

-Woolum, Janet. *Outstanding Women Athletes: Who They Are and How They Influenced Sports in America*. Phoenix, AZ: Oryx Press, 1992.

統計(とうけい)

-Cooky, Cheryl, Michael A. Messner, and Michela Musto. "It's Dude Time!: A Quarter Century of Excluding Women's Sports in Televised News and Highlight Shows." *Communication & Sport* 2167479515588761, first published on June 5, 2015 doi:10.1177/2167479515588761.

-Good, Andrew. "When It Comes to Women in Sports, TV News Tunes Out." *USC News*. June 5, 2015. https://news.usc.edu/82382/when-it-comes-to-women-in sports-tv-news-tunes-out/. Accessed October 17, 2016.

-Isidore, Chris. "Women World Cup Champs Win Waaay Less Money than Men." *CNNMoney*. July 7, 2015. http://money.cnn.com/2015/07/07/news/companies/womens-world-cup-prize-money/. Accessed October 17, 2016.

-Pilon, Mary. "The World Cup Pay Gap, What the U.S. and Japan Didn't Win in the Women's Soccer Final." *POLITICO Comments*. Jury 06, 2015. http://www.politico.eu/article/world-cup-women-pay-gap-gender-equality/. Accessed October 17, 2016.

-Walters, John. "Taking a Closer Look at the Gender Gap in Sports." *Newsweek*. January 4 2016. http://www.newsweek.com/womens-soccer-suit-underscores-sports-gender-pay-gap-443137. Accessed October 17, 2016.

-Womens Sports Foundation. "Pay Inequality in Athletics." July 20, 2015. https://www.womenssportsfoundation.org/research/article-and-report/equity-issues/pay-inequity/. Accessed October 17, 2016.

ウェブサイト

-*Encyclopedia Britannica*: www.britannica.com
-ESPN Cricket Info: www.espncricinfo.com
-ESPN SportsCentury: www.espn.go.com/sportscentury
-*Guardian* obituaries: www.theguardian.com/tone/obituaries
-*Los Angeles Times* obituaries: www.latimes.com/local/obituaries/
-Olympic.org: www.olympic.org
-Makers, the largest video collection of women's stories: www.makers.com
-National Museum of Racing and Hall of Fame: www.racingmuseum.org
-*New York Times* obituaries: www.nytimes.com/section/obituaries
-Rio 2016 NBC Olympics: www.nbcolympics.com
-*Sports Illustrated* Vault: www.si.com/vault
-Team USA: www.teamusa.org
-TED Women: www.ted.com/topics/women
-USA Gymnastics: https://usagym.org
-U.S. Soccer: www.ussoccer.com
-VICE Sports: https://sports.vice.com/en_us
-Women's Sports Foundation: www.womenssportsfoundation.org
-World Archery: https://worldarchery.org
-X Games: www.xgames.espn.com

日本版単語集

IOC…国際オリンピック委員会。近代オリンピックを主催する。

エキシビジョン…公式記録とされない模擬試合や特別実演のこと。

Xゲームズ…エクストリームスポーツと呼ばれる危険性の高いスポーツの競技大会。

FIS…国際スキー連盟。

NCAA…全米大学体育協会。協会が主催する各競技の大学スポーツリーグの試合を指すこともある。NACWAAはその女子リーグ。各リーグに「ディビジョン」とよばれる区分がある。

MVP…最高殊勲選手。年間や試合を通じてもっとも優れた成績を残した選手に贈られる賞。

LGBT…レズビアン（女性同性愛者）、ゲイ（男性同性愛者）、バイ（両性愛者）、トランスジェンダーらセクシャルマイノリティ（性的少数者）の総称。

オリンピック・オーダー…オリンピズム（国際理解や平和的な共存などをテーマとする哲学）の普及、発展に貢献した個人や団体にIOCが贈る賞。

クリケット…1チーム11名からなるチームどうしがバットとボールを用いて得点を競い合う球技。イギリス、オーストラリア、インド、南アフリカ、西インド諸島などのイギリス連邦諸国で人気が高い。ワンデイインターナショナル、テストなどさまざまな試合形式がある。

公民権運動…広くは、差別を受けている集団が憲法によって定められた個人の権利（公民権）の平等な保障を求める運動。狭くは、アメリカ合衆国で1950年代から60年代にかけて起こった、人種差別撤廃を求めるアフリカ系アメリカ人の運動を指す。

コモンウェルス・ゲームズ…イギリス連邦に属する国や地域が参加する、4年ごとにおこなわれる総合競技大会。

コンタクトスポーツ…競技者間の体の接触があるスポーツ。

殿堂…ある分野で優れた業績を持つ人を記念するための施設。

NASCAR…ストックカーと呼ばれる改造車でおもに楕円形のコースを走行する自動車レースおよびその主催団体。全米自動車競争協会。

パンアメリカン競技大会…南北アメリカ大陸の国々が参加する4年に一度の総合競技大会。

ビジター…試合のために相手の本拠地に行くこと。

ファウンデーション…特定の目的のために集められた資金、およびそれを元手にさまざまな事業をおこなう団体。基金。

PMS…月経前症候群。月経の前の時期にあらわれる女性特有の心と体の不調。

プレスツアー…広報活動のために各地を旅して回ること。

ボイコット…自分たちの考えや要求を叶えたり、抗議を示すために、式典などへの参加を取りやめたり、対象商品の購入をやめたりすること。

亡命…政治的意見や思想、民族、宗教上の対立などの理由による身の危険を避けるため、本国を逃れて外国に保護を求めること。

ポールポジション…モータースポーツにおける決勝レースの先頭のスタート位置。予選レースで最速のラップタイムを出した選手がこの位置につくことができる。

ポロ…乗馬競技のひとつ。4人1チームで馬に乗り、マレットと呼ばれるT字型のスティックで球を打って、相手チームのゴールに運べば得点となる。

ローラーダービー…2チームがローラースケートをはいてトラックを走りながら得点を競い合うショー要素の強い競技。ローラーゲームとも呼ばれる。

ロールモデル…お手本や目標となる人物。

訳者あとがき

　あなたが今手にしている『歴史を変えた50人の女性アスリートたち』は、『世界を変えた50人の女性科学者たち』（創元社、2018年）に続くレイチェル・イグノトフスキーの2冊目の本です。ここで彼女が紹介するのは、前作で取りあげた科学研究の世界と同じく、人類の歴史において長きにわたって「女らしくない」とみなされてしまいがちだった分野、スポーツで大活躍した女性たちです。この日本版では、原書のイラストとデザインを優先するために、文章の内容を一部要約していることをここでお断りしておきます。また、91頁のサッカー日本代表と116～117頁は、日本版の制作チームで文章を作成し、イラストをレイチェルさんに描きおろしていただきました。

　世の中に広く行き渡っている偏見に負けず、見事アスリートとして成功を収めた女性たちの物語は、何かに真剣に打ちこむことの大切さを私たちに教えてくれます。彼女たちの強靱な肉体と意志は、「男は能動的で女は受動的」とか「男は主体的に行動し、女はそれを補助するもの」といった人々の思いこみを改め、女性も堂々と活発に体を動かして強くなれるのだと証明するのにおおいに貢献しました。現在、たくさんの女性たちがスポーツを楽しむことができているのは、そうした先駆者たちのおかげだと言えるでしょう。

　とはいえ、スポーツは今もなお男女間の不平等がはっきりとあらわれがちな分野です。賃金やメディアでの扱いの不公平に加え、男性を中心に発展してきた指導法や競技環境には女性への配慮がまだまだ足りません。さらに、現在では人間の性別を男と女のどちらかに分類する性別二元論の考え方そのものが時代遅れになりつつあることにも注意が必要です。近年の研究の結果、男と女の区別は常にはっきりと分かれているわけではないことがあきらかになっています。誰かを男女どちらかの型にはめようとしたり、性別にもとづいて「こういうもの」と決めつけたりするのではなく、個人の能力や適性の違いを尊重することがますます求められるようになっているのです。

　政治や経済とも密接に結びついている現代のスポーツには、個人の能力を高め社会を前進させる大きな力があります。しかし同時に、その力が誰かの安全と幸福を犠牲にしてしまいかねない危険をはらんでいることは、たとえば勝利を求めるあまりに無理をして選手の健康が損なわれてしまうような事態が後を絶たないことからもあきらかです。これらを踏まえたうえで、公平な条件のもとで競うことが求められるスポーツがどのように運用されるべきかを考え、改善することは、今を生きる私たちに任せられた課題です。もしかしたらこれまでとはまったく違うスポーツ文化を開発することだってできるかもしれません。

　この本に登場するのは伝説的なトップアスリートばかりですが、自分の体を好きなように動かし、鍛え、楽しむことは、職業としてスポーツを選んだ人だけに限らず、誰にとっても大切な人生の一部であるはずです。それは「自分の体は自分のもの」という感覚をしっかりと育む助けとなります。そうしてあなたが物怖じせずに好きなことに打ちこみ、勇気をもって現状を変え、毎日を元気に生きることを、新しい時代を切り拓いてきた偉大なアスリートたちの存在はきっと応援してくれることでしょう。

―― 野中モモ

索引

あ
アイススケート →フィギュアスケート、スピードスケート
アイスホッケー　15, 83
アダムズ、ニコラ　99
アーチェリー　73
アーティスティックスイミング　116
有森裕子　117
アルペンスキー　105

い
伊藤みどり　117
犬ぞりレース　53
井村雅代　116

う
ヴァン・オウステン、マリオン →ラドウィグ、マリオン
ウィリアムズ、ヴィーナス　95
ウィリアムズ、セリーナ　7, 95
ヴェッツァーリ、ヴァレンティーナ　87
ヴェドパタック、アンジャリ　→バグワット、アンジャリ
上野由岐子　117

え・お
エダール、ガートルード　7, 8, 17
オリンピック　8, 9, 11, 15, 16, 17, 19, 21, 39, 49, 51, 57, 59, 63, 73, 75, 79, 81, 83, 85, 87, 91, 93, 95, 99, 103, 105, 107, 111, 113, 115, 117

か
カーレース　97
カウフマン、サラ　107
カラノ、ジーナ　107
カルヴェッロ、アン　31

き
ギブ、ボビー　9
ギブソン、アリシア　7, 8, 29
キム・スニョン　73
喬紅　85
キルドー、リンゼイ →ボン、リンゼイ
キング、ビリー・ジーン　6-7, 45
筋肉解剖学　40-41

く
クラーク、ケリー　103
クリケット　101
車いす競技　71, 116
クローン、ジュリー　61

け・こ
ケイヴ、フローレンス・マデリーン →サイアーズ、マッジ
ケッジー、ジュリー　107
小平奈緒　117
コート、マーガレット　45
コマネチ、ナディア　57
ゴルフ　21, 116
コンラッド、アディー・ジョー（ジョディ）43

さ
サーフィン　77
サイアーズ、マッジ　11
斉藤澄子　117
サッカー　9, 79, 91
ザハリアス、ベイブ・ディドリクソン　21
サミット、パット　43
澤穂希　91, 116

し
自転車競技　33
射撃　69
柔道　23, 91, 107, 116

重量挙げ　55
ジョイナー・カーシー、ジャッキー　59
乗馬　61, 117
シンクロナイズドスイミング →アーティスティックスイミング

す・そ
水泳（競泳）　7, 8, 17, 19, 91, 93, 113, 117
スウィッツァー、キャサリン　9
スカイダイビング　13
スキー　105
スキージャンプ　117
スケートボード　47
ストーン、マルセニア（トニ）　27
ストックウェル、メリッサ　93
スノーボード　103
スピードスケート　63, 117
総合格闘技（MMA）　107
ソウル、アイリーン →リギン、アイリーン
ソフトボール　15, 90, 91, 117

た
タイアス、ワイオミア　90
体操　57, 115
タイトルIX（教育改正法第9編）　6, 8, 90
高梨沙羅　117
卓球　85
伊達公子　116
田部井淳子　37

ち
チーズボロー、チャンドラ　90
チーム、影響を与えた　90-91
チャーノック、ベリル →バートン、ベリル
チャスティン、ブランディ　79
チョ・ユンチョン　73
賃金格差　67

つ・て

土田和歌子　116
ディドリクソン、ミルドレッド →ザハリア
ス、ベイブ・ディドリクソン
テート、ミーシャ　107
テニス　6-7, 8, 15, 29, 45, 95, 116
テネシー州立大学タイガーベルズ　90
デフランツ、アニタ　49
デン・ヤピン →鄧亞萍

と

鄧亞萍　85
登山　37
飛込み　19
トライアスロン　93
トンプソン、ジョージア　→ブロードウィ
ック、ジョージア（タイニー）

な

中田久美　117
なでしこジャパン　91
七種競技　59
難民選手団　91

は

バートン、ベリル　33
パーマー、ヴァイオレット　65
ハイマン、フロー　51
バイルズ、シモーネ　115
バグワット、アンジャリ　69
バスケットボール　21, 43, 65, 81
パトリック、ダニカ　97
パホン、マリアナ　111
ハミル、ドロシー　75
ハム、ミア　79
パラリンピック　71, 93, 116
バレーボール　51, 117

ひ

BMX（モトクロス・バイク）　111
樋口久子　116
ビーチリー、レイン　77
人見絹枝　117

ふ

フィオレク、アシュリー　109
フィギュアスケート　11, 75, 117
フェンシング　87
ブカサ、ヨランデ　91
福田敬子　23
プチクレール、シャンタル　71
ブッチャー、スーザン　53
フランシス、ベヴ　55
ブルーマー・ガールズ　90
ブレア、ボニー　63
ブロードウィック、ジョージア（タイニー）　13

へ・ほ

ヘイル、スー・サリー　7, 35
ボウリング　24
ボクシング　99
ボディビルディング　55
ボート競技　49
ポロ　7, 35
ボン、リンゼイ　105

ま

前畑秀子　117
マーブル、アリス　29
マッカーサー、エレン　89
マッギー、パティ　47
マラソン　9, 117
マルディニ、ユスラ　91

め・も

メッシング、マーラ　79

メディア統計　66
メルポメネ　9
モトクロス　109

や・よ

野球　8, 27, 90
山口香　116
ヤマグチ、クリスティ　75
ヨット航海　89

ら・り

ラウジー、ロンダ　107
ラジ、ミザリ　101
ラドウィグ、マリオン　25
リギン、アイリーン　19
陸上競技　15, 21, 39, 59, 90, 91, 117
リドルス、リビー　53

る・れ

ルドルフ、ウィルマ　39, 90
レオーム、マノン　83
歴史年表　8-9
レスリー、リサ　81
レデッキー、ケイティ　113
レフェリー　65
任燦燦　99

ろ

ローゼンフェルド、ファニー（ボビー）　15
ローラーダービー　31
ロコニエン、ローズ・ナティケ　91
ロハリス、アンジェリーナ・ナダイ　91

127

〈訳者略歴〉
野中モモ
（のなか）

翻訳者・ライター。訳書にロクサーヌ・ゲイ『飢える私　ままならない心と体』（亜紀書房、2019年）、レイチェル・イグノトフスキー『世界を変えた50人の女性科学者たち』（創元社、2018年）、ダナ・ボイド『つながりっぱなしの日常を生きる　ソーシャルメディアが若者にもたらしたもの』（草思社、2014年）など。著書に『デヴィッド・ボウイ　変幻するカルト・スター』（筑摩書房、2017年）、共編著書に『日本のZINEについて知ってることすべて　同人誌、ミニコミ、リトルプレス　自主制作出版史1960〜2010年代』（誠文堂新光社、2017年）がある。

WOMEN IN SPORTS -50 FEARLESS ATHLETES WHO PLAYED TO WIN
Copyright ©2017 by Rachel Ignotofsky
Japanese translation rights arranged with Ten Speed Press,
an imprint of THE CROWN PUBLISHING GROUP, a division of PENGUIN RANDOM HOUSE LLC.
through Japan UNI Agency, Inc., Tokyo

歴史を変えた50人の女性アスリートたち

2019年4月20日　第1版第1刷発行

著　者　レイチェル・イグノトフスキー
訳　者　野中モモ
発行者　矢部敬一
発行所　株式会社創元社
https://www.sogensha.co.jp/
　本　　社　〒541-0047　大阪市中央区淡路町4-3-6
　　　　　　TEL. 06-6231-9010（代）　FAX. 06-6233-3111
　東京支店　〒101-0051　東京都千代田区神田神保町1-2 田辺ビル
　　　　　　TEL. 03-6811-0662

監訳・序文　來田享子
装丁・組版　堀口努（underson）
印　刷　所　大日本印刷株式会社

Japanese translation ©2019 NONAKA Momo, Printed in Japan
ISBN978-4-422-75303-4　C0075　NDC280
《検印廃止》落丁・乱丁の際はお取替えいたします。

〈出版者著作権管理機構　委託出版物〉
本書の無断複製は著作権法上での例外を除き禁じられています。複製される場合は、そのつど事前に、出版者著作権管理機構（電話 03-5244-5088、FAX 03-5244-5089、e-mail: info@jcopy.or.jp）の許諾を得てください。

本書の感想をお寄せください
投稿フォームはこちらから▶▶▶▶